全国普法学习读本
★ ★ ★ ★ ★

农产品检疫法律法规学习读本
农产品进出口检疫法律法规

■ 曾 朝 主编

加大全民普法力度，建设社会主义法治文化，树立宪法法律至上、法律面前人人平等的法治理念。
——中国共产党第十九次全国代表大会《决胜全面建成小康社会 夺取新时代中国特色社会主义伟大胜利》

汕头大学出版社

图书在版编目（CIP）数据

农产品进出口检疫法律法规 / 曾朝主编. -- 汕头：汕头大学出版社（2021.7 重印）

（农产品检疫法律法规学习读本）

ISBN 978-7-5658-3527-8

Ⅰ.①农… Ⅱ.①曾… Ⅲ.①农产品-进出口贸易-商品检验-法规-中国-学习参考资料 Ⅳ.①D922.294.4

中国版本图书馆 CIP 数据核字（2018）第 037657 号

农产品进出口检疫法律法规　NONGCHANPIN JINCHUKOU JIANYI FALÜ FAGUI

主　　编：	曾　朝
责任编辑：	邹　峰
责任技编：	黄东生
封面设计：	大华文苑
出版发行：	汕头大学出版社
	广东省汕头市大学路 243 号汕头大学校园内　邮政编码：515063
电　　话：	0754-82904613
印　　刷：	三河市南阳印刷有限公司
开　　本：	690mm×960mm 1/16
印　　张：	18
字　　数：	226 千字
版　　次：	2018 年 5 月第 1 版
印　　次：	2021 年 7 月第 2 次印刷
定　　价：	59.60 元（全 2 册）

ISBN 978-7-5658-3527-8

版权所有，翻版必究

如发现印装质量问题，请与承印厂联系退换

前 言

习近平总书记指出:"推进全民守法,必须着力增强全民法治观念。要坚持把全民普法和守法作为依法治国的长期基础性工作,采取有力措施加强法制宣传教育。要坚持法治教育从娃娃抓起,把法治教育纳入国民教育体系和精神文明创建内容,由易到难、循序渐进不断增强青少年的规则意识。要健全公民和组织守法信用记录,完善守法诚信褒奖机制和违法失信行为惩戒机制,形成守法光荣、违法可耻的社会氛围,使遵法守法成为全体人民共同追求和自觉行动。"

中共中央、国务院曾经转发了中央宣传部、司法部关于在公民中开展法治宣传教育的规划,并发出通知,要求各地区各部门结合实际认真贯彻执行。通知指出,全民普法和守法是依法治国的长期基础性工作。深入开展法治宣传教育,是全面建成小康社会和新农村的重要保障。

普法规划指出:各地区各部门要根据实际需要,从不同群体的特点出发,因地制宜开展有特色的法治宣传教育坚持集中法治宣传教育与经常性法治宣传教育相结合,深化法律进机关、进乡村、进社区、进学校、进企业、进单位的"法律六进"主题活动,完善工作标准,建立长效机制。

特别是农业、农村和农民问题,始终是关系党和人民事业发展的全局性和根本性问题。党中央、国务院发布的《关于推进社会主义新农村建设的若干意见》中明确提出要"加强农村法制建设,深入开展农村普法教育,增强农民的法制观念,提高农民依法行使权利和履行义务的自觉性。"多年普法实践证明,普及法律知识,提高法制观念，增强全社会依法办事意识具有重要作用。特别是在广大农村进行普法教育，是提高全民法律素质的需要。

多年来，我国在农村实行的改革开放取得了极大成功，农村发生了翻天覆地的变化，广大农民生活水平大大得到了提高。但是，由于历史和社会等原因，现阶段我国一些地区农民文化素质还不高，不学法、不懂法、不守法现象虽然较原来有所改变，但仍有相当一部分群众的法制观念仍很淡化，不懂、不愿借助法律来保护自身权益，这就极易受到不法的侵害，或极易进行违法犯罪活动，严重阻碍了全面建成小康社会和新农村步伐。

为此，根据党和政府的指示精神以及普法规划，特别是根据广大农村农民的现状，在有关部门和专家的指导下，特别编辑了这套《全国普法学习读本》。主要包括了广大人民群众应知应懂、实际实用的法律法规。为了辅导学习，附录还收入了相应法律法规的条例准则、实施细则、解读解答、案例分析等；同时为了突出法律法规的实际实用特点，兼顾地方性和特殊性，附录还收入了部分某些地方性法律法规以及非法律法规的政策文件、管理制度、应用表格等内容，拓展了本书的知识范围，使法律法规更"接地气"，便于读者学习掌握和实际应用。

在众多法律法规中，我们通过甄别，淘汰了废止的，精选了最新的、权威的和全面的。但有部分法律法规有些条款不适应当下情况了，却没有颁布新的，我们又不能擅自改动，只得保留原有条款，但附录却有相应的补充修改意见或通知等。众多法律法规根据不同内容和受众特点，经过归类组合，优化配套。整套普法读本非常全面系统，具有很强的学习性、实用性和指导性，非常适合用于广大农村和城乡普法学习教育与实践指导。总之，是全国全民普法的良好读本。

目 录

关于农产品进出口检疫的管理办法

进出境粮食检验检疫监督管理办法 …………………… (1)
进出口肉类产品检验检疫监督管理办法 ……………… (17)
进出口水产品检验检疫监督管理办法 ………………… (28)
进出口乳品检验检疫监督管理办法 …………………… (40)
进境动物隔离检疫场使用监督管理办法 ……………… (54)
附录
  进境肉类产品检验检疫管理规定 …………………… (65)
  出口禽肉及其制品检验检疫要求（试行） ………… (75)
  出口备案饲养场基本兽医卫生要求（试行） ……… (81)
  出境水生动物检验检疫监督管理办法 ……………… (83)
  进境水果检验检疫监督管理办法 …………………… (96)
  出境水果检验检疫监督管理办法 …………………… (101)

出入境检验检疫风险预警及快速反应管理规定

第一章　总　则 ………………………………………… (111)
第二章　信息收集与风险评估 ………………………… (112)
第三章　风险预警措施 ………………………………… (112)
第四章　快速反应措施 ………………………………… (113)
第五章　监督管理 ……………………………………… (114)
第六章　附　则 ………………………………………… (114)

附　录

出入境检验检疫查封、扣押管理规定……………………（115）

出入境检验检疫标志管理办法……………………………（122）

进出境动物、动物产品检疫采样管理办法………………（126）

进境动植物检疫审批名录…………………………………（128）

出口蜂蜜检验检疫管理办法………………………………（134）

关于农产品进出口检疫的管理办法

进出境粮食检验检疫监督管理办法

国家质量监督检验检疫总局令

第 177 号

《进出境粮食检验检疫监督管理办法》已经 2015 年 7 月 9 日国家质量监督检验检疫总局局务会议审议通过，现予公布，自 2016 年 7 月 1 日起施行。

国家质量监督检验检疫总局局长
2016 年 1 月 20 日

第一章 总 则

第一条 根据《中华人民共和国进出境动植物检疫法》及其实施条例、《中华人民共和国食品安全法》及其实施条例、《中华人民共和国进出口商品检验法》及其实施条例、《农业转基因生物安全管理条例》《国务院关于加强食品等产品安全监督管理的特别规定》等法律法规的规定，制定本办法。

第二条 本办法适用于进出境（含过境）粮食检验检疫监督管理。

本办法所称粮食，是指用于加工、非繁殖用途的禾谷类、豆类、油料类等作物的籽实以及薯类的块根或者块茎等。

第三条 国家质量监督检验检疫总局（以下简称国家质检总局）统一管理全国进出境粮食检验检疫监督管理工作。

国家质检总局设在各地的出入境检验检疫部门（以下简称检验检疫部门）负责所辖区域内进出境粮食的检验检疫监督管理工作。

第四条 国家质检总局及检验检疫部门对进出境粮食质量安全实施风险管理，包括在风险分析的基础上，组织开展进出境粮食检验检疫准入，包括产品携带有害生物风险分析、监管体系评估与审查、确定检验检疫要求、境外生产企业注册登记等。

第五条 进出境粮食收发货人及生产、加工、存放、运输企业应当依法从事生产经营活动，建立并实施粮食质量安全控制体系和疫情防控体系，对进出境粮食质量安全负责，诚实守信，接受社会监督，承担社会责任。

第二章 进境检验检疫

第一节 注册登记

第六条 国家质检总局对进境粮食境外生产、加工、存放企业（以下简称境外生产加工企业）实施注册登记制度。

境外生产加工企业应当符合输出国家或者地区法律法规和标准的相关要求，并达到中国有关法律法规和强制性标准的要求。

实施注册登记管理的进境粮食境外生产加工企业，经输出国家或者地区主管部门审查合格后向国家质检总局推荐。国家质检总局收到推荐材料后进行审查确认，符合要求的国家或者地区的境外生产加工企业，予以注册登记。

境外生产加工企业注册登记有效期为4年。

需要延期的境外生产加工企业，由输出国家或者地区主管部门在有效期届满6个月前向国家质检总局提出延期申请。国家质检总局确认后，注册登记有效期延长4年。必要时，国家质检总局可以派出专家到输出国家或者地区对其监管体系进行回顾性审查，并对申请延期的境外生产加工企业进行抽查。

注册登记的境外生产加工企业向中国输出粮食经检验检疫不合格，情节严重的，国家质检总局可以撤销其注册登记。

第七条 向我国出口粮食的境外生产加工企业应当获得输出国家或者地区主管部门的认可，具备过筛清杂、烘干、检测、防疫等质量安全控制设施及质量管理制度，禁止添加杂质。

根据情况需要，国家质检总局组织专家赴境外实施体系性考察，开展疫情调查，生产、加工、存放企业检查及预检监装等工作。

第二节　检验检疫

第八条 国家质检总局对进境粮食实施检疫准入制度。

首次从输出国家或者地区进口某种粮食，应当由输出国家或者地区官方主管机构向国家质检总局提出书面申请，并提供该种粮食种植及储运过程中发生有害生物的种类、为害程度及防控情况和质量安全控制体系等技术资料。特殊情况下，可以由进口企业申请并提供技术资料。国家质检总局可以组织开展进境粮食风险分析、实地考察及对外协商。

国家质检总局依照国家法律法规及国家技术规范的强制性要求

等，制定进境粮食的具体检验检疫要求，并公布允许进境的粮食种类及来源国家或者地区名单。

对于已经允许进境的粮食种类及相应来源国家或者地区，国家质检总局将根据境外疫情动态、进境疫情截获及其他质量安全状况，组织开展进境粮食具体检验检疫要求的回顾性审查，必要时派专家赴境外开展实地考察、预检、监装及对外协商。

第九条 进境粮食应当从国家质检总局指定的口岸入境。指定口岸条件及管理规范由国家质检总局制定。

第十条 国家质检总局对进境粮食实施检疫许可制度。进境粮食货主应当在签订贸易合同前，按照《进境动植物检疫审批管理办法》等规定申请办理检疫审批手续，取得《中华人民共和国进境动植物检疫许可证》（以下简称《检疫许可证》），并将国家粮食质量安全要求、植物检疫要求及《检疫许可证》中规定的相关要求列入贸易合同。

因口岸条件限制等原因，进境粮食应当运往符合防疫及监管条件的指定存放、加工场所（以下简称指定企业），办理《检疫许可证》时，货主或者其代理人应当明确指定场所并提供相应证明文件。

未取得《检疫许可证》的粮食，不得进境。

第十一条 检验检疫部门按照下列要求，对进境粮食实施检验检疫：

（一）中国政府与粮食输出国家或者地区政府签署的双边协议、议定书、备忘录以及其他双边协定确定的相关要求；

（二）中国法律法规、国家技术规范的强制性要求和国家质检总局规定的检验检疫要求；

（三）《检疫许可证》列明的检疫要求。

第十二条 货主或者其代理人应当在粮食进境前向进境口岸检

验检疫部门报检，并按要求提供以下材料：

（一）粮食输出国家或者地区主管部门出具的植物检疫证书；

（二）产地证书；

（三）贸易合同、信用证、提单、装箱单、发票等贸易凭证；

（四）《检疫许可证》以及其他按规定应当提供的单证；

（五）双边协议、议定书、备忘录确定的和国家质检总局规定的其他单证。

进境转基因粮食的，还应当提供《农业转基因生物安全证书》等相关批准文件。

鼓励货主向境外粮食出口商索取由输出国家或者地区主管部门，或者由第三方检测机构出具的品质证书、卫生证书、适载证书、重量证书等其他单证。

第十三条 进境粮食可以进行随航熏蒸处理。

现场查验前，进境粮食承运人或者其代理人应当向进境口岸检验检疫部门书面申报进境粮食随航熏蒸处理情况，并提前实施通风散气。未申报的，检验检疫部门不实施现场查验；经现场检查，发现熏蒸剂残留物，或者熏蒸残留气体浓度超过安全限量的，暂停检验检疫及相关现场查验活动；熏蒸剂残留物经有效清除且熏蒸残留气体浓度低于安全限量后，方可恢复现场查验活动。

第十四条 使用船舶装载进境散装粮食的，检验检疫部门应当在锚地对货物表层实施检验检疫，无重大异常质量安全情况后船舶方可进港，散装粮食应当在港口继续接受检验检疫。

需直接靠泊检验检疫的，应当事先征得检验检疫部门的同意。

以船舶集装箱、火车、汽车等其他方式进境粮食的，应当在检验检疫部门指定的查验场所实施检验检疫，未经检验检疫部门同意不得擅自调离。

第十五条　检验检疫部门应当对进境粮食实施现场检验检疫。现场检验检疫包括：

（一）货证核查。核对证单与货物的名称、数（重）量、出口储存加工企业名称及其注册登记号等信息。船舶散装的，应当核查上一航次装载货物及清仓检验情况，评估对装载粮食的质量安全风险；集装箱装载的，应当核查集装箱箱号、封识等信息。

（二）现场查验。重点检查粮食是否水湿、发霉、变质，是否携带昆虫及杂草籽等有害生物，是否有混杂粮谷、植物病残体、土壤、熏蒸剂残渣、种衣剂污染、动物尸体、动物排泄物及其他禁止进境物等。

（三）抽取样品。根据有关规定和标准抽取样品送实验室检测。

（四）其他现场查验活动。

第十六条　检验检疫部门应当按照相关工作程序及标准，对现场查验抽取的样品及发现的可疑物进行实验室检测鉴定，并出具检验检疫结果单。

实验室检测样品应当妥善存放并至少保留 3 个月。如检测异常需要对外出证的，样品应当至少保留 6 个月。

第十七条　进境粮食有下列情形之一的，应当在检验检疫部门监督下，在口岸锚地、港口或者指定的检疫监管场所实施熏蒸、消毒或者其他除害处理：

（一）发现检疫性有害生物或者其他具有检疫风险的活体有害昆虫，且可能造成扩散的；

（二）发现种衣剂、熏蒸剂污染、有毒杂草籽超标等安全卫生问题，且有有效技术处理措施的；

（三）其他原因造成粮食质量安全受到危害的。

第十八条　进境粮食有下列情形之一的，作退运或者销毁处理：

（一）未列入国家质检总局进境准入名单，或者无法提供输出粮食国家或者地区主管部门出具的《植物检疫证书》等单证的，或者无《检疫许可证》的；

（二）有毒有害物质以及其他安全卫生项目检测结果不符合国家技术规范的强制性要求，且无法改变用途或者无有效处理方法的；

（三）检出转基因成分，无《农业转基因生物安全证书》等相关批准文件，或者与证书、批准文件不符的；

（四）发现土壤、检疫性有害生物以及其他禁止进境物且无有效检疫处理方法的；

（五）因水湿、发霉等造成腐败变质或者受到化学、放射性等污染，无法改变用途或者无有效处理方法的；

（六）其他原因造成粮食质量安全受到严重危害的。

第十九条　进境粮食经检验检疫后，检验检疫部门签发入境货物检验检疫证明等相关单证；经检验检疫不合格的，由检验检疫部门签发《检验检疫处理通知书》、相关检验检疫证书。

第二十条　检验检疫部门对进境粮食实施检疫监督。进境粮食应当在具备防疫、处理等条件的指定场所加工使用。未经有效的除害处理或加工处理，进境粮食不得直接进入市场流通领域。

进境粮食装卸、运输、加工、下脚料处理等环节应当采取防止撒漏、密封等防疫措施。进境粮食加工过程应当具备有效杀灭杂草籽、病原菌等有害生物的条件。粮食加工下脚料应当进行有效的热处理、粉碎或者焚烧等除害处理。

检验检疫部门应当根据进境粮食检出杂草等有害生物的程度、杂质含量及其他质量安全状况，并结合拟指定加工、运输企业的防疫处理条件等因素，确定进境粮食的加工监管风险等级，并指导与监督相关企业做好疫情控制、监测等安全防控措施。

第二十一条 进境粮食用作储备、期货交割等特殊用途的,其生产、加工、存放应当符合国家质检总局相应检验检疫监督管理规定。

第二十二条 因科研、参展、样品等特殊原因而少量进境未列入国家质检总局准入名单内粮食的,应当按照国家质检总局有关规定提前申请办理进境特许检疫审批并取得《检疫许可证》。

第二十三条 进境粮食装卸、储存、加工涉及不同检验检疫部门的,各相关检验检疫部门应当加强沟通协作,建立相应工作机制,及时互相通报检验检疫情况及监管信息。

对于分港卸货的进境粮食,检验检疫部门应当在放行前及时相互通报检验检疫情况。需要对外方出证的,相关检验检疫部门应当充分协商一致,并按相关规定办理。

对于调离进境口岸的进境粮食,口岸检验检疫部门应当在调离前及时向指运地检验检疫部门开具进境粮食调运联系单。

第二十四条 境外粮食需经我国过境的,货主或者其代理人应当提前向国家质检总局或者检验检疫部门提出申请,提供过境路线、运输方式及管理措施等,由国家质检总局组织制定过境粮食检验检疫监管方案后,方可依照该方案过境,并接受检验检疫部门的监督管理。

过境粮食应当密封运输,杜绝撒漏。未经检验检疫部门批准,不得开拆包装或者卸离运输工具。

第三章　出境检验检疫

第一节　注册登记

第二十五条 输入国家或者地区要求中国对向其输出粮食生产、加工、存放企业(以下简称出境生产加工企业)注册登记的,直属检验检疫局负责组织注册登记，并向国家质检总局备案。

第二十六条 出境粮食生产加工企业应当满足以下要求：

（一）具有法人资格，在工商行政管理部门注册，持有《企业法人营业执照》；

（二）建立涉及本企业粮食业务的全流程管理制度并有效运行，各台账记录清晰完整，能准确反映入出库粮食物流信息，具备可追溯性，台账保存期限不少于2年；

（三）具有过筛清杂、烘干、检测、防疫等质量安全控制设施以及有效的质量安全和溯源管理体系；

（四）建立有害生物监控体系，配备满足防疫需求的人员，具有对虫、鼠、鸟等的防疫措施及能力；

（五）不得建在有碍粮食卫生和易受有害生物侵染的区域。仓储区内不得兼营、生产、存放有毒有害物质。库房和场地应当硬化、平整、无积水。粮食分类存放，离地、离墙，标识清晰。

第二节 检验检疫

第二十七条 装运出境粮食的船舶、集装箱等运输工具的承运人、装箱单位或者其代理人，应当在装运前向检验检疫部门申请清洁、卫生、密固等适载检验。未经检验检疫或者检验检疫不合格的，不得装运。

第二十八条 货主或者其代理人应当在粮食出境前向储存或者加工企业所在地检验检疫部门报检，并提供贸易合同、信用证、发票、自检合格证明等材料。

贸易方式为凭样成交的，还应当提供成交样品。

第二十九条 检验检疫部门按照下列要求对出境粮食实施现场检验检疫和实验室项目检测：

（一）双边协议、议定书、备忘录和其他双边协定；

（二）输入国家或者地区检验检疫要求；

（三）中国法律法规、强制性标准和国家质检总局规定的检验检疫要求；

（四）贸易合同或者信用证注明的检疫要求。

第三十条 对经检验检疫符合要求的，或者通过有效除害或者技术处理并经重新检验检疫符合要求的，检验检疫部门按照规定签发《出境货物通关单》或者《出境货物换证凭单》。输入国家或者地区要求出具检验检疫证书的，按照国家相关规定出具证书。输入国家或者地区对检验检疫证书形式或者内容有新要求的，经国家质检总局批准后，方可对证书进行变更。

经检验检疫不合格且无有效除害或者技术处理方法的，或者虽经过处理但经重新检验检疫仍不合格的，检验检疫部门签发《出境货物不合格通知单》，粮食不得出境。

第三十一条 出境粮食检验有效期最长不超过2个月；检疫有效期原则定为21天，黑龙江、吉林、辽宁、内蒙古和新疆地区冬季（11月至次年2月底）可以酌情延长至35天。超过检验检疫有效期的粮食，出境前应当重新报检。

第三十二条 产地与口岸检验检疫部门应当建立沟通协作机制，及时通报检验检疫情况等信息。

出境粮食经产地检验检疫合格后，货主或者其代理人应当在《出境货物换证凭单》或者电子转单有效期内向出境口岸检验检疫部门申报查验。按照出境货物换证查验相关规定，出境口岸检验检疫部门对出境粮食实施口岸查验，重点检查货证是否相符、是否感染有害生物等。查验合格的，口岸检验检疫部门凭产地检验检疫部门出具的《出境货物换证凭单》或者电子转单，签发《出境货物通关单》。查验不合格的，不予放行。

出境粮食到达口岸后拼装的，应当重新报检，并实施检疫。出境粮食到达口岸后因变更输入国家或者地区而有不同检验检疫要求的，应当重新报检，并实施检验检疫。

第四章　风险及监督管理

第一节　风险监测及预警

第三十三条　国家质检总局对进出境粮食实施疫情监测制度，相应的监测技术指南由国家质检总局制定。

检验检疫部门应当在粮食进境港口、储存库、加工厂周边地区、运输沿线粮食换运、换装等易洒落地段等，开展杂草等检疫性有害生物监测与调查。发现疫情的，应当及时组织相关企业采取应急处置措施，并分析疫情来源，指导企业采取有效的整改措施。相关企业应当配合实施疫情监测及铲除措施。

根据输入国家或者地区的检疫要求，检验检疫部门应当在粮食种植地、出口储存库及加工企业周边地区开展疫情调查与监测。

第三十四条　国家质检总局对进出境粮食实施安全卫生项目风险监控制度，制定进出境粮食安全卫生项目风险监控计划。

第三十五条　国家质检总局及检验检疫部门建立粮食质量安全信息收集报送系统，信息来源主要包括：

（一）进出境粮食检验检疫中发现的粮食质量安全信息；

（二）进出境粮食贸易、储存、加工企业质量管理中发现的粮食质量安全信息；

（三）检验检疫部门实施疫情监测、安全卫生项目风险监控中发现的粮食质量安全信息；

（四）国际组织、境外政府机构、国内外行业协会及消费者反映的粮食质量安全信息；

（五）其他关于粮食质量安全风险的信息。

第三十六条　国家质检总局及检验检疫部门对粮食质量安全信息进行风险评估，确定相应粮食的风险级别，并实施动态的风险分级管理。依据风险评估结果，调整进出境粮食检验检疫管理及监管措施方案、企业监督措施等。

第三十七条　进出境粮食发现重大疫情和重大质量安全问题的，国家质检总局及检验检疫部门依照相关规定，采取启动应急处置预案等应急处置措施，并发布警示通报。当粮食安全风险已不存在或者降低到可接受的水平时，国家质检总局及检验检疫部门应当及时解除警示通报。

第三十八条　国家质检总局及检验检疫部门根据情况将重要的粮食安全风险信息向地方政府、农业和粮食行政管理部门、国外主管机构、进出境粮食企业等相关机构和单位进行通报，并协同采取必要措施。粮食安全信息公开应当按照相关规定程序进行。

第二节　监督管理

第三十九条　拟从事进境粮食存放、加工业务的企业可以向所在地检验检疫部门提出指定申请。

检验检疫部门按照国家质检总局制定的有关要求，对申请企业的申请材料、工艺流程等进行检验评审，核定存放、加工粮食种类、能力。

从事进境粮食储存、加工的企业应当具备有效的质量安全及溯源管理体系，符合防疫、处理等质量安全控制要求。

第四十条　检验检疫部门对指定企业实施检疫监督。

指定企业、收货人及代理人发现重大疫情或者公共卫生问题时，应当立即向所在地检验检疫部门报告，检验检疫部门应当按照有关规定处理并上报。

第四十一条 从事进出境粮食的收发货人及生产、加工、存放、运输企业应当建立相应的粮食进出境、接卸、运输、存放、加工、下脚料处理、发运流向等生产经营档案，做好质量追溯和安全防控等详细记录，记录至少保存 2 年。

第四十二条 进境粮食存在重大安全质量问题，已经或者可能会对人体健康或者农林牧渔业生产生态安全造成重大损害的，进境粮食收货人应当主动召回。采取措施避免或者减少损失发生，做好召回记录，并将召回和处理情况向所在地检验检疫部门报告。

收货人不主动召回的，由直属检验检疫局发出责令召回通知书并报告国家质检总局。必要时，国家质检总局可以责令召回。

第四十三条 国家质检总局及检验检疫部门根据质量管理、设施条件、安全风险防控、诚信经营状况，对企业实施分类管理。针对不同级别的企业，在粮食进境检疫审批、进出境检验检疫查验及日常监管等方面采取相应的检验检疫监管措施。具体分类管理规范由国家质检总局制定。

第五章　法律责任

第四十四条 有下列情形之一的，由检验检疫部门按照《进出境动植物检疫法实施条例》规定处 5000 元以下罚款：

（一）未报检的；

（二）报检的粮食与实际不符的。

有前款第（二）项所列行为，已取得检疫单证的，予以吊销。

第四十五条 进境粮食未依法办理检疫审批手续或者未按照检疫审批规定执行的，由检验检疫部门按照《进出境动植物检疫法实施条例》规定处 5000 元以下罚款。

第四十六条 擅自销售、使用未报检或者未经检验的列入必须实施检验的进出口商品目录的进出境粮食，由检验检疫部门按照《进出口商品检验法实施条例》规定，没收非法所得，并处商品货值金额 5%以上 20%以下罚款。

第四十七条 进出境粮食收发货人生产、加工、存放、运输企业未按照本办法第四十一条的规定建立生产经营档案并做好记录的，由检验检疫部门责令改正，给予警告；拒不改正的，处 3000 元以上 1 万元以下罚款。

第四十八条 有下列情形之一的，由检验检疫部门按照《进出境动植物检疫法实施条例》规定，处 3000 元以上 3 万元以下罚款：

（一）未经检验检疫部门批准，擅自将进境、过境粮食卸离运输工具，擅自将粮食运离指定查验场所的；

（二）擅自开拆过境粮食的包装，或者擅自开拆、损毁动植物检疫封识或者标志的。

第四十九条 列入必须实施检验的进出口商品目录的进出境粮食收发货人或者其代理人、报检人员不如实提供进出境粮食真实情况，取得检验检疫部门有关证单，或者不予报检，逃避检验，由检验检疫部门按照《进出口商品检验法实施条例》规定，没收违法所得，并处商品货值金额 5%以上 20%以下罚款。

第五十条 伪造、变造、买卖或者盗窃检验证单、印章、标志、封识、货物通关单或者使用伪造、变造的检验证单、印章、标志、封识、货物通关单，尚不够刑事处罚的，由检验检疫部门按照《进出口商品检验法实施条例》规定，责令改正，没收违法所得，并处商品货值金额等值以下罚款。

第五十一条 有下列违法行为之一,尚不构成犯罪或者犯罪情节显著轻微依法不需要判处刑罚的,由检验检疫部门按照《进出境动植物检疫法实施条例》规定,处 2 万元以上 5 万元以下的罚款:

(一)引起重大动植物疫情的;

(二)伪造、变造动植物检疫单证、印章、标志、封识的。

第五十二条 依照本办法规定注册登记的生产、加工、存放单位,进出境的粮食经检疫不合格,除依照本办法有关规定作退回、销毁或者除害处理外,情节严重的,由检验检疫部门按照《进出境动植物检疫法实施条例》规定,注销注册登记。

第五十三条 擅自调换检验检疫部门抽取的样品或者检验检疫部门检验合格的进出境粮食的,由检验检疫部门按照《进出口商品检验法实施条例》规定,责令改正,给予警告;情节严重的,并处商品货值金额 10%以上 50%以下罚款。

第五十四条 提供或者使用未经检验检疫部门适载检验的集装箱、船舱、飞机、车辆等运载工具装运出境粮食的,由检验检疫部门按照《进出口商品检验法实施条例》规定,处 10 万元以下罚款。

提供或者使用经检验检疫部门检验不合格的集装箱、船舱、飞机、车辆等运载工具装运出境粮食的,由检验检疫部门按照《进出口商品检验法实施条例》规定,处 20 万元以下罚款。

第五十五条 有下列情形之一的,由检验检疫部门处 3000 元以上 1 万元以下罚款:

(一)进境粮食存在重大安全质量问题,或者可能会对人体健康或农林牧渔业生产生态安全造成重大损害的,没有主动召回的;

(二)进境粮食召回或者处理情况未向检验检疫部门报告的;

(三)进境粮食未在检验检疫部门指定的查验场所卸货的;

（四）进境粮食有本办法第十七条所列情形，拒不做有效的检疫处理的。

第五十六条 有下列情形之一的，由检验检疫部门处 3 万元以下罚款：

（一）进出境粮食未按规定注册登记或者在指定场所生产、加工、存放的；

（二）买卖、盗窃动植物检疫单证、印章、标识、封识，或者使用伪造、变造的动植物检疫单证、印章、标识、封识的；

（三）使用伪造、变造的输出国家或者地区官方检疫证明文件的；

（四）拒不接受检验检疫部门检疫监督的。

第五十七条 检验检疫部门工作人员滥用职权，故意刁难，徇私舞弊，伪造检验检疫结果，或者玩忽职守，延误检验出证，依法给予行政处分；构成犯罪的，依法追究刑事责任。

第六章 附 则

第五十八条 进出境用作非加工而直接销售粮食的检验检疫监督管理，由国家质检总局另行规定。

第五十九条 以边贸互市方式的进出境小额粮食，参照国家质检总局相关规定执行。

第六十条 本办法由国家质检总局负责解释。

第六十一条 本办法自 2016 年 7 月 1 日起施行。国家质检总局 2001 年 12 月发布的《出入境粮食和饲料检验检疫管理办法》（国家质检总局令第 7 号）同时废止。此前进出境粮食检验检疫监管规定与本办法不一致的，以本办法为准。

进出口肉类产品检验检疫监督管理办法

国家质量监督检验检疫总局令

第 136 号

《进出口肉类产品检验检疫监督管理办法》已经 2010 年 3 月 10 日国家质量监督检验检疫总局局务会议审议通过，现予公布，自 2011 年 6 月 1 日起施行。

国家质量监督检验检疫总局局长
二〇一一年一月四日

第一章 总 则

第一条 为加强进出口肉类产品检验检疫及监督管理，保障进出口肉类产品质量安全，防止动物疫情传入传出国境，保护农牧业生产安全和人类健康，根据《中华人民共和国进出口商品检验法》及其实施条例、《中华人民共和国进出境动植物检疫法》及其实施条例、《中华人民共和国国境卫生检疫法》及其实施细则、《中华人民共和国食品安全法》及其实施条例、《国务院关于加强食品等产品安全监督管理的特别规定》等法律法规的规定，制定本办法。

第二条 本办法适用于进出口肉类产品的检验检疫及监督管理。

第三条 本办法所称肉类产品是指动物屠体的任何可供人类食用部分，包括胴体、脏器、副产品以及以上述产品为原料的制品，不包括罐头产品。

第四条 国家质量监督检验检疫总局（以下简称国家质检总局）主管全国进出口肉类产品检验检疫及监督管理工作。

国家质检总局设在各地的出入境检验检疫机构（以下简称检验检疫机构）负责所辖区域进出口肉类产品检验检疫及监督管理。

第五条 检验检疫机构依法对进出口肉类产品进行检验检疫及监督抽查，对进出口肉类产品生产加工企业（以下简称生产企业）、收货人、发货人根据监管需要实施信用管理及分类管理制度。

第六条 进出口肉类产品生产企业应当依照法律、行政法规和有关标准从事生产经营活动，对社会和公众负责，保证肉类产品质量安全，接受社会监督，承担社会责任。

第二章 进口检验检疫

第七条 进口肉类产品应当符合中国法律、行政法规规定、食品安全国家标准的要求，以及中国与输出国家或者地区签订的相关协议、议定书、备忘录等规定的检验检疫要求以及贸易合同注明的检疫要求。

进口尚无食品安全国家标准的肉类产品，收货人应当向检验检疫机构提交国务院卫生行政部门出具的许可证明文件。

第八条 国家质检总局根据中国法律、行政法规规定、食品安全国家标准要求、国内外肉类产品疫情疫病和有毒有害物质风险分析结果，结合对拟向中国出口肉类产品国家或者地区的质量安全管理体系的有效性评估情况，制定并公布中国进口肉类产品的检验检疫要求；或者与拟向中国出口肉类产品国家或者地区签订检验检疫协定，确定检验检疫要求和相关证书。

第九条 国家质检总局对向中国境内出口肉类产品的出口商或者代理商实施备案管理，并定期公布已经备案的出口商、代理商名单。

进口肉类产品境外生产企业的注册管理按照国家质检总局相关规定执行。

第十条 检验检疫机构对进口肉类产品收货人实施备案管理。已经实施备案管理的收货人，方可办理肉类产品进口手续。

第十一条 进口肉类产品收货人应当建立肉类产品进口和销售记录制度。记录应当真实，保存期限不得少于二年。

第十二条 国家质检总局对进口肉类产品实行检疫审批制度。进口肉类产品的收货人应当在签订贸易合同前办理检疫审批手续，取得进境动植物检疫许可证。

国家质检总局根据需要，按照有关规定，可以派员到输出国家或者地区进行进口肉类产品预检。

第十三条 进口肉类产品应当从国家质检总局指定的口岸进口。

进口口岸的检验检疫机构应当具备进口肉类产品现场查验和实验室检验检疫的设备设施和相应的专业技术人员。

进口肉类产品应当存储在检验检疫机构认可并报国家质检总局备案的存储冷库或者其他场所。肉类产品进口口岸应当具备与进口肉类产品数量相适应的存储冷库。存储冷库应当符合进口肉类产品存储冷库检验检疫要求。

第十四条 进口鲜冻肉类产品包装应当符合下列要求：

（一）内外包装使用无毒、无害的材料，完好无破损；

（二）内外包装上应当标明产地国、品名、生产企业注册号、生产批号；

（三）外包装上应当以中文标明规格、产地（具体到州/省/市）、目的地、生产日期、保质期、储存温度等内容，目的地应当标明为中华人民共和国，加施输出国家或者地区官方检验检疫标识。

第十五条 肉类产品进口前或者进口时，收货人或者其代理人应当持进口动植物检疫许可证、输出国家或者地区官方出具的相关证书正本原件、贸易合同、提单、装箱单、发票等单证向进口口岸检验检疫机构报检。

进口肉类产品随附的输出国家或者地区官方检验检疫证书，应当符合国家质检总局对该证书的要求。

第十六条 检验检疫机构对收货人或者其代理人提交的相关单证进行审核，符合要求的，受理报检，并对检疫审批数量进行核销，出具入境货物通关证明。

第十七条 装运进口肉类产品的运输工具和集装箱，应当在进口口岸检验检疫机构的监督下实施防疫消毒处理。未经检验检疫机构许可，进口肉类产品不得卸离运输工具和集装箱。

第十八条 进口口岸检验检疫机构依照规定对进口肉类产品实施现场检验检疫，现场检验检疫包括以下内容：

（一）检查运输工具是否清洁卫生、有无异味，控温设备设施运作是否正常，温度记录是否符合要求；

（二）核对货证是否相符，包括集装箱号码和铅封号、货物的品名、数（重）量、输出国家或者地区、生产企业名称或者注册号、生产日期、包装、唛头、输出国家或者地区官方证书编号、标志或者封识等信息；

（三）查验包装是否符合食品安全国家标准要求；

（四）预包装肉类产品的标签是否符合要求；

（五）对鲜冻肉类产品还应当检查新鲜程度、中心温度是否符合要求、是否有病变以及肉眼可见的寄生虫包囊、生活害虫、异物及其他异常情况，必要时进行蒸煮试验。

第十九条 进口鲜冻肉类产品经现场检验检疫合格后，运往检验检疫机构指定地点存放。

第二十条 检验检疫机构依照规定对进口肉类产品采样，按照有关标准、监控计划和警示通报等要求进行检验或者监测。

第二十一条 口岸检验检疫机构根据进口肉类产品检验检疫结果作出如下处理：

（一）经检验检疫合格的，签发《入境货物检验检疫证明》，准予生产、加工、销售、使用。《入境货物检验检疫证明》应当注明进口肉类产品的集装箱号、生产批次号、生产厂家名称和注册号、唛头等追溯信息。

（二）经检验检疫不合格的，签发检验检疫处理通知书。有下列情形之一的，作退回或者销毁处理：

1. 无有效进口动植物检疫许可证的；
2. 无输出国家或者地区官方机构出具的相关证书的；
3. 未获得注册的生产企业生产的进口肉类产品的；
4. 涉及人身安全、健康和环境保护项目不合格的。

（三）经检验检疫，涉及人身安全、健康和环境保护以外项目不合格的，可以在检验检疫机构的监督下进行技术处理，合格后，方可销售或者使用。

（四）需要对外索赔的，签发相关证书。

第二十二条 目的地为内地的进口肉类产品，在香港或者澳门卸离原运输船只并经港澳陆路运输到内地的、在香港或者澳门码头卸载后到其他港区装船运往内地的，发货人应当向国家质检总局指定的检验机构申请中转预检。未经预检或者预检不合格的，不得转运内地。

指定的检验机构应当按照国家质检总局的要求开展预检工作，合格后另外加施新的封识并出具证书，入境口岸检验检疫机构受理报检时应当同时查验该证书。

第三章　出口检验检疫

第二十三条　出口肉类产品由检验检疫机构进行监督、抽检，海关凭检验检疫机构签发的通关证明放行。

第二十四条　检验检疫机构按照下列要求对出口肉类产品实施检验检疫：

（一）输入国家或者地区检验检疫要求；

（二）中国政府与输入国家或者地区签订的检验检疫协议、议定书、备忘录等规定的检验检疫要求；

（三）中国法律、行政法规和国家质检总局规定的检验检疫要求；

（四）输入国家或者地区官方关于品质、数量、重量、包装等要求；

（五）贸易合同注明的检验检疫要求。

第二十五条　检验检疫机构按照出口食品生产企业备案管理规定，对出口肉类产品的生产企业实施备案管理。

输入国家或者地区对中国出口肉类产品生产企业有注册要求，需要对外推荐注册企业的，按照国家质检总局相关规定执行。

第二十六条　出口肉类产品加工用动物应当来自经检验检疫机构备案的饲养场。

检验检疫机构在风险分析的基础上对备案饲养场进行动物疫病、农兽药残留、环境污染物及其他有毒有害物质的监测。未经所在地农业行政部门出具检疫合格证明的或者疫病、农兽药残留及其他有毒有害物质监测不合格的动物不得用于屠宰、加工出口肉类产品。

第二十七条 出口肉类产品加工用动物备案饲养场或者屠宰场应当为其生产的每一批出口肉类产品原料出具供货证明。

第二十八条 出口肉类产品生产企业应当按照输入国家或者地区的要求，对出口肉类产品的原辅料、生产、加工、仓储、运输、出口等全过程建立有效运行的可追溯的质量安全自控体系。

出口肉类产品生产企业应当配备专职或者兼职的兽医卫生和食品安全管理人员。

第二十九条 出口肉类产品生产企业应当建立原料进货查验记录制度，核查原料随附的供货证明。进货查验记录应当真实，保存期限不得少于二年。

出口肉类产品生产企业应当建立出厂检验记录制度，查验出厂肉类产品的检验合格证和安全状况，如实记录其肉类产品的名称、规格、数量、生产日期、生产批号、检验合格证号、购货者名称及联系方式、销售日期等内容。

肉类产品出厂检验记录应当真实，保存期限不得少于二年。

第三十条 出口肉类产品生产企业应当对出口肉类产品加工用原辅料及成品进行自检，没有自检能力的应当委托有资质的检验机构检验，并出具有效检验报告。

第三十一条 检验检疫机构应当对出口肉类产品中致病性微生物、农兽药残留和环境污染物等有毒有害物质在风险分析的基础上进行抽样检验，并对出口肉类生产加工全过程的质量安全控制体系进行验证和监督。

第三十二条 用于出口肉类产品包装的材料应当符合食品安全

标准，包装上应当按照输入国家或者地区的要求进行标注，运输包装上应当注明目的地国家或者地区。

第三十三条 检验检疫机构根据需要可以向出口肉类产品生产企业派出官方兽医或者检验检疫人员，对出口肉类产品生产企业进行监督管理。

第三十四条 发货人或者其代理人应当在出口肉类产品启运前，按照国家质检总局的报检规定向出口肉类产品生产企业所在地检验检疫机构报检。

第三十五条 出口肉类产品的运输工具应当有良好的密封性能和制冷设备，装载方式能有效避免肉类产品受到污染，保证运输过程中所需要的温度条件，按照规定进行清洗消毒，并做好记录。

发货人应当确保装运货物与报检货物相符，做好装运记录。

第三十六条 检验检疫机构对报检的出口肉类产品的检验报告、装运记录等进行审核，结合日常监管、监测和抽查检验等情况进行合格评定。符合规定要求的，签发有关检验检疫证单；不符合规定要求的，签发不合格通知单。

第三十七条 检验检疫机构根据需要，可以按照有关规定对检验检疫合格的出口肉类产品、包装物、运输工具等加施检验检疫标志或者封识。

第三十八条 存放出口肉类产品的中转冷库应当经所在地检验检疫机构备案并接受监督管理。

出口肉类产品运抵中转冷库时应当向其所在地检验检疫机构申报。中转冷库所在地检验检疫机构凭生产企业所在地检验检疫机构签发的检验检疫证单监督出口肉类产品入库。

第三十九条 出口冷冻肉类产品应当在生产加工后六个月内出口，冰鲜肉类产品应当在生产加工后72小时内出口。输入国家或者地区另有要求的，按照其要求办理。

第四十条 用于出口肉类产品加工用的野生动物，应当符合输入国家或者地区和中国有关法律法规要求，并经国家相关行政主管部门批准。

第四章 过境检验检疫

第四十一条 运输肉类产品过境的，应当事先获得国家质检总局批准，按照指定的口岸和路线过境。承运人或者押运人应当持货运单和输出国家或者地区出具的证书，在进口时向检验检疫机构报检，由进口口岸检验检疫机构查验单证。进口口岸检验检疫机构应当通知出口口岸检验检疫机构，出口口岸检验检疫机构监督过境肉类产品出口。

进口口岸检验检疫机构可以派官方兽医或者其他检验检疫人员监运至出口口岸。

第四十二条 过境肉类产品运抵进口口岸时，由进口口岸检验检疫机构对运输工具、装载容器的外表进行消毒。

装载过境肉类产品的运输工具和包装物、装载容器应当完好。经检验检疫机构检查，发现运输工具或者包装物、装载容器有可能造成途中散漏的，承运人或者押运人应当按照检验检疫机构的要求，采取密封措施；无法采取密封措施的，不准过境。

第四十三条 过境肉类产品运抵出口口岸时，出口口岸检验检疫机构应当确认货物原集装箱、原铅封未被改变。

过境肉类产品过境期间，未经检验检疫机构批准，不得开拆包装或者卸离运输工具。

第四十四条 过境肉类产品在境内改换包装，按照进口肉类产品检验检疫规定办理。

第五章　监督管理

第四十五条　国家质检总局对进出口肉类产品实行安全监控制度，依据风险分析和检验检疫实际情况制定重点监控计划，确定重点监控国家或者地区的进出口肉类产品种类和检验项目。

检验检疫机构应当根据国家质检总局年度进出口食品安全风险监控计划，制定并实施所辖区域内进口肉类产品风险管理的实施方案。

第四十六条　国家质检总局和检验检疫机构对进出口肉类实施风险管理。具体措施，按照有关规定执行。

第四十七条　国家质检总局和检验检疫机构应当及时向相关部门、机构和企业通报进出口肉类产品安全风险信息。发现进出口肉类产品安全事故，或者接到有关进出口肉类产品安全事故的举报，应当立即向卫生、农业行政部门通报并按照有关规定上报。

第四十八条　进出口肉类产品的生产企业、收货人、发货人应当合法生产和经营。

检验检疫机构应当建立进出口肉类产品的收货人、发货人和出口肉类产品生产企业不良记录制度，对有违法行为并受到行政处罚的，可以将其列入违法企业名单并对外公布。

第四十九条　进口肉类产品存在安全问题，可能或者已经对人体健康和生命安全造成损害的，收货人应当主动召回并立即向所在地检验检疫机构报告。收货人不主动召回的，检验检疫机构应当按照有关规定责令召回。

出口肉类产品存在安全问题，可能或者已经对人体健康和生命安全造成损害的，出口肉类产品生产企业应当采取措施避免和减少损害的发生，并立即向所在地检验检疫机构报告。

有前二款规定情形的，检验检疫机构应当及时向国家质检总局报告。

第五十条 出口肉类产品加工用动物备案饲养场有下列行为之一的，取消备案：

（一）存放或者使用中国、拟输出国家或者地区禁止使用的药物和其他有毒有害物质，使用的药物未标明有效成份或者使用含有禁用药物和药物添加剂，未按照规定在休药期停药的；

（二）提供虚假供货证明、转让或者变相转让备案号的；

（三）隐瞒重大动物疫病或者未及时向检验检疫机构报告的；

（四）拒不接受检验检疫机构监督管理的；

（五）备案饲养场的名称、法定代表人发生变化后30日内未申请变更的；

（六）养殖规模扩大、使用新药或者新饲料或者质量安全体系发生重大变化后30日内未向检验检疫机构报告的；

（七）一年内没有出口供货的。

第五十一条 进出口肉类产品生产企业有其他违法行为的，按照相关法律、行政法规的规定予以处罚。

第五十二条 检验检疫机构及其工作人员在对进出口肉类产品实施检验检疫和监督管理工作中，违反法律法规及本办法规定的，按照规定查处。

第六章 附　则

第五十三条 本办法由国家质检总局负责解释。

第五十四条 本办法自2011年6月1日起施行。国家质检总局2002年8月22日公布的《进出境肉类产品检验检疫管理办法》（国家质检总局令第26号）同时废止。

进出口水产品检验检疫监督管理办法

国家质量监督检验检疫总局令

第 135 号

《进出口水产品检验检疫监督管理办法》已经 2010 年 3 月 10 日国家质量监督检验检疫总局局务会议审议通过，现予公布，自 2011 年 6 月 1 日起施行。

国家质量监督检验检疫总局局长

二〇一一年一月四日

第一章 总 则

第一条 为加强进出口水产品检验检疫及监督管理，保障进出口水产品的质量安全，防止动物疫情传入传出国境，保护渔业生产安全和人类健康，根据《中华人民共和国进出口商品检验法》及其实施条例、《中华人民共和国进出境动植物检疫法》及其实施条例、《中华人民共和国国境卫生检疫法》及其实施细则、《中华人民共和国食品安全法》及其实施条例、《国务院关于加强食品等产品安全监督管理的特别规定》等有关法律法规规定，制定本办法。

第二条 本办法适用于进出口水产品的检验检疫及监督管理。

第三条 本办法所称水产品是指供人类食用的水生动物产品及其制品，包括水母类、软体类、甲壳类、棘皮类、头索类、鱼类、两栖类、爬行类、水生哺乳类动物等其他水生动物产品以及藻类等海洋植物产品及其制品，不包括活水生动物及水生动植物繁殖材料。

第四条 国家质量监督检验检疫总局（以下简称国家质检总局）主管全国进出口水产品检验检疫及监督管理工作。

国家质检总局设在各地的出入境检验检疫机构（以下简称检验检疫机构）负责所辖区域进出口水产品检验检疫及监督管理工作。

第五条 检验检疫机构依法对进出口水产品进行检验检疫、监督抽查，对进出口水产品生产加工企业（以下简称生产企业）根据监管需要和国家质检总局相关规定实施信用管理及分类管理制度。

第六条 进出口水产品生产企业应当依照法律、行政法规和有关标准从事生产经营活动，对社会和公众负责，保证水产品质量安全，接受社会监督，承担社会责任。

第七条 国家质检总局对检验检疫机构签发进出口水产品检验检疫证明的人员实行备案管理制度，未经备案的人员不得签发证书。

第二章 进口检验检疫

第八条 进口水产品应当符合中国法律、行政法规、食品安全国家标准要求，以及中国与输出国家或者地区签订的相关协议、议定书、备忘录等规定的检验检疫要求和贸易合同注明的检疫要求。

进口尚无食品安全国家标准的水产品，收货人应当向检验检疫机构提交国务院卫生行政部门出具的许可证明文件。

第九条 国家质检总局根据中国法律、行政法规规定、食品安全国家标准要求、国内外水产品疫情疫病和有毒有害物质风险分析结果，结合对拟向中国出口水产品国家或者地区的质量安全管理体系的有效性评估情况，制定并公布中国进口水产品的检验检疫要求；或者与拟向中国出口水产品国家或者地区签订检验检疫协定，确定检验检疫要求和相关证书。

第十条 国家质检总局对向中国境内出口水产品的出口商或者代理商实施备案管理，并定期公布已获准入资质的境外生产企业和已经备案的出口商、代理商名单。

进口水产品的境外生产企业的注册管理按照国家质检总局相关规定执行。

第十一条 检验检疫机构对进口水产品收货人实施备案管理。已经实施备案管理的收货人，方可办理水产品进口手续。

第十二条 进口水产品收货人应当建立水产品进口和销售记录制度。记录应当真实，保存期限不得少于二年。

第十三条 国家质检总局对安全卫生风险较高的进口两栖类、爬行类、水生哺乳类动物以及其他养殖水产品等实行检疫审批制度。上述产品的收货人应当在签订贸易合同前办理检疫审批手续，取得进境动植物检疫许可证。

国家质检总局根据需要，按照有关规定，可以派员到输出国家或者地区进行进口水产品预检。

第十四条 水产品进口前或者进口时，收货人或者其代理人应当持输出国家或者地区官方签发的检验检疫证书正本原件、原产地证书、贸易合同、提单、装箱单、发票等单证向进口口岸检验检疫机构报检。

进口水产品随附的输出国家或者地区官方检验检疫证书，应当符合国家质检总局对该证书的要求。

第十五条 检验检疫机构对收货人或者其代理人提交的相关单证进行审核，符合要求的，受理报检，对检疫审批数量进行核销，出具入境货物通关证明。

第十六条 进口水产品应当存储在检验检疫机构指定的存储冷库或者其他场所。进口口岸应当具备与进口水产品数量相适应的存储冷库。存储冷库应当符合进口水产品存储冷库检验检疫要求。

第十七条 装运进口水产品的运输工具和集装箱,应当在进口口岸检验检疫机构的监督下实施防疫消毒处理。未经检验检疫机构许可,不得擅自将进口水产品卸离运输工具和集装箱。

第十八条 进口口岸检验检疫机构依照规定对进口水产品实施现场检验检疫。现场检验检疫包括以下内容:

(一) 核对单证并查验货物;

(二) 查验包装是否符合进口水产品包装基本要求;

(三) 对易滋生植物性害虫的进口盐渍或者干制水产品实施植物检疫,必要时进行除害处理;

(四) 查验货物是否腐败变质,是否含有异物,是否有干枯,是否存在血冰、冰霜过多。

第十九条 进口预包装水产品的中文标签应当符合中国食品标签的相关法律、行政法规、规章的规定以及国家技术规范的强制性要求。检验检疫机构依照规定对预包装水产品的标签进行检验。

第二十条 检验检疫机构依照规定对进口水产品采样,按照有关标准、监控计划和警示通报等要求对下列项目进行检验或者监测:

(一) 致病性微生物、重金属、农兽药残留等有毒有害物质;

(二) 疫病、寄生虫;

(三) 其他要求的项目。

第二十一条 进口水产品经检验检疫合格的,由进口口岸检验检疫机构签发《入境货物检验检疫证明》,准予生产、加工、销售、使用。《入境货物检验检疫证明》应当注明进口水产品的集装箱号、生产批次号、生产厂家及唛头等追溯信息。

进口水产品经检验检疫不合格的,由检验检疫机构出具《检验检疫处理通知书》。涉及人身安全、健康和环境保护以外项目不合格的，可以在检验检疫机构的监督下进行技术处理，经重新检验检疫合格的，方可销售或者使用。

当事人申请需要出具索赔证明等其他证明的，检验检疫机构签发相关证明。

第二十二条 有下列情形之一的，作退回或者销毁处理：

（一）需办理进口检疫审批的产品，无有效进口动植物检疫许可证的；

（二）需办理注册的水产品生产企业未获得中方注册的；

（三）无输出国家或者地区官方机构出具的有效检验检疫证书的；

（四）涉及人身安全、健康和环境保护项目不合格的。

第三章 出口检验检疫

第二十三条 出口水产品由检验检疫机构进行监督、抽检，海关凭检验检疫机构签发的通关证明放行。

第二十四条 检验检疫机构按照下列要求对出口水产品及其包装实施检验检疫：

（一）输入国家或者地区检验检疫要求；

（二）中国政府与输入国家或者地区政府签订的检验检疫协议、议定书、备忘录等规定的检验检疫要求；

（三）中国法律、行政法规和国家质检总局规定的检验检疫要求；

（四）输入国家或者地区官方关于品质、数量、重量、包装等要求；

（五）贸易合同注明的检疫要求。

第二十五条 检验检疫机构对出口水产品养殖场实施备案管理。出口水产品生产企业所用的原料应当来自于备案的养殖场、经渔业行政主管部门批准的捕捞水域或者捕捞渔船，并符合拟输入国家或者地区的检验检疫要求。

第二十六条 备案的出口水产品养殖场应当满足以下基本条件和卫生要求：

（一）取得渔业行政主管部门养殖许可；

（二）具有一定的养殖规模：土塘或者开放性海域养殖的水面总面积50亩以上，水泥池养殖的水面总面积10亩以上，场区内养殖池有规范的编号；

（三）水源充足，养殖用水水质符合《渔业水质标准》；

（四）周围无畜禽养殖场、医院、化工厂、垃圾场等污染源，具有与外界环境隔离的设施，内部环境卫生良好；

（五）布局合理，符合卫生防疫要求，避免进排水交叉污染；

（六）具有独立分设的药物和饲料仓库，仓库保持清洁干燥，通风良好，有专人负责记录入出库登记；

（七）养殖密度适当，配备与养殖密度相适应的增氧设施；

（八）投喂的饲料来自经检验检疫机构备案的饲料加工厂，符合《出口食用动物饲用饲料检验检疫管理办法》的要求；

（九）不存放和使用中国、输入国家或者地区禁止使用的药物和其他有毒有害物质。使用的药物应当标注有效成份，有用药记录，并严格遵守停药期规定；

（十）有完善的组织管理机构和书面的水产养殖管理制度（包括种苗收购、养殖生产、卫生防疫、药物饲料使用等）；

（十一）配备具有相应资质的养殖技术员和质量监督员，养殖技术员和质量监督员应当由不同人员担任，养殖技术员须凭处方用药，药品由质量监督员发放。养殖技术员和质量监督员应当具备以下条件：

1. 熟悉并遵守检验检疫有关法律、行政法规、规章等规定；

2. 熟悉并遵守农业行政主管部门有关水生动物疫病和兽药管理规定；

3. 熟悉输入国家或者地区相关药残控制法规和标准；

4. 有一定养殖工作经验或者具有养殖专业中专以上学历。

（十二）建立重要疫病和重要事项及时报告制度。

第二十七条 出口水产品养殖场按照以下程序进行备案：

（一）出口水产品养殖场向所在地检验检疫机构提出备案申请，并提供相关材料；

（二）检验检疫机构按照本办法第二十六条规定的基本条件和卫生要求，对申请备案的出口水产品养殖场进行审核。符合基本条件和卫生要求的，由直属检验检疫局审查批准颁发备案证明；

（三）备案证明自颁发之日起生效，有效期四年。出口水产品养殖场应当在有效期届满三个月前提出延续申请；

（四）备案的出口水产品养殖场地址、名称、养殖规模、所有权、法定代表人等发生变更的，应当及时向所在地检验检疫机构重新申请备案或者办理变更手续。

第二十八条 出口水产品备案养殖场应当为其生产的每一批出口水产品原料出具供货证明。

第二十九条 出口水产品备案养殖场应当依照输入国家或者地区要求，或者中国食品安全国家标准和有关规定使用饲料、兽药等农业投入品，禁止采购或者使用不符合输入国家或者地区要求，或者中国食品安全国家标准的农业投入品。

第三十条 检验检疫机构对出口水产品备案养殖场实施监督管理，组织监督检查，并做好相关记录。监督检查包括日常监督检查和年度审核等形式。

检验检疫机构应当在风险分析的基础上对备案的出口水产品养殖场实施水生动物疫病、农兽药残留、环境污染物、水质状况以及其他有毒有害物质监测，建立完善出口水产品安全风险信息管理制度。

第三十一条 检验检疫机构按照出口食品生产企业备案管理规定对出口水产品生产企业实施备案管理。

输入国家或者地区对中国出口水产品生产企业有注册要求，需要对外推荐注册企业的，按照国家质检总局相关规定执行。

第三十二条 出口水产品生产企业应当建立完善可追溯的质量安全控制体系，确保出口水产品从原料到成品不得违规使用保鲜剂、防腐剂、保水剂、保色剂等物质。

出口水产品生产企业应当对加工用原辅料及成品的微生物、农兽药残留、环境污染物等有毒有害物质进行自检，没有自检能力的，应当委托有资质的检验机构检验，并出具有效检验报告。

第三十三条 出口水产品生产企业生产加工水产品应当以养殖场为单位实施生产批次管理，不同养殖场的水产品不得作为同一个生产批次的原料进行生产加工。从原料水产品到成品，生产加工批次号应当保持一致。

生产加工批次号标注要求另行公告。

第三十四条 出口水产品生产企业应当建立原料进货查验记录制度，核查原料随附的供货证明。进货查验记录应当真实，保存期限不得少于二年。

出口水产品生产企业应当建立出厂检验记录制度，查验出厂水产品的检验合格证和安全状况,如实记录其水产品的名称、规格、数量、生产日期、生产批号、检验合格证号、购货者名称及联系方式、销售日期等内容。

水产品出厂检验记录应当真实,保存期限不得少于二年。

第三十五条 出口水产品包装上应当按照输入国家或者地区的要求进行标注,在运输包装上注明目的地国家或者地区。

第三十六条 出口水产品生产企业或者其代理人应当按照国家质检总局报检规定,凭贸易合同、生产企业检验报告(出厂合格证明)、出货清单等有关单证向产地检验检疫机构报检。

出口水产品出口报检时,需提供所用原料中药物残留、重金属、微生物等有毒有害物质含量符合输入国家或者地区以及我国要求的书面证明。

第三十七条 检验检疫机构应当对出口水产品中致病性微生物、农兽药残留和环境污染物等有毒有害物质在风险分析的基础上进行抽样检验,并对出口水产品生产加工全过程的质量安全控制体系进行验证和监督。

第三十八条 没有经过抽样检验的出口水产品,检验检疫机构应当根据输入国家或者地区的要求对出口水产品的检验报告、装运记录等进行审核,结合日常监管、监测和抽查检验等情况进行综合评定。符合规定要求的,签发有关检验检疫证单;不符合规定要求的,签发不合格通知单。

第三十九条 出口水产品生产企业应当确保出口水产品的运输工具有良好的密封性能,装载方式能有效地避免水产品受到污染,保证运输过程中所需要的温度条件,按规定进行清洗消毒,并做好记录。

第四十条 出口水产品生产企业应当保证货证相符,并做好装运记录。检验检疫机构应当随机抽查。经产地检验检疫合格的出口水产品，口岸检验检疫机构在口岸查验时发现单证不符的，不予放行。

第四十一条 出口水产品检验检疫有效期为：

（一）冷却（保鲜）水产品：七天；

（二）干冻、单冻水产品：四个月；

（三）其他水产品：六个月。

出口水产品超过检验检疫有效期的，应当重新报检。输入国家或者地区另有要求的，按照其要求办理。

第四章 监督管理

第四十二条 国家质检总局对进出口水产品实行安全监控制度，依据风险分析和检验检疫实际情况制定重点监控计划，确定重点监控的国家或者地区的进出口水产品种类和检验项目。

检验检疫机构应当根据国家质检总局年度进出口水产品安全风险监控计划，制定并实施所辖区域内进出口水产品风险管理的实施方案。

第四十三条 国家质检总局和检验检疫机构对进出口水产品实施风险管理。具体措施，按照有关规定执行。

第四十四条 进出口水产品的生产企业、收货人、发货人应当合法生产和经营。

检验检疫机构应当建立进出口水产品生产企业、收货人、发货人不良记录制度，对有违法行为并受到行政处罚的，可以将其列入违法企业名单并对外公布。

第四十五条 国家质检总局和检验检疫机构应当按照食品安全风险信息管理的有关规定及时向有关部门、机构和企业通报进出口水产品安全风险信息，并按照有关规定上报。

第四十六条 出口水产品备案养殖场所在地检验检疫机构和出口水产品生产企业所在地检验检疫机构应当加强协作。备案养殖场所在地检验检疫机构应当将养殖场监管情况定期通报出口水产品生产企业所在地检验检疫机构；出口水产品生产企业所在地检验检疫机构应当将生产企业对供货证明核查情况、原料和成品质量安全情况等定期通报备案养殖场所在地检验检疫机构。

第四十七条 进口水产品存在安全问题，可能或者已经对人体健康和生命安全造成损害的，收货人应当主动召回并立即向所在地检验检疫机构报告。收货人不主动召回的，检验检疫机构应当按照有关规定责令召回。

出口水产品存在安全问题，可能或者已经对人体健康和生命安全造成损害的，出口水产品生产经营企业应当采取措施避免和减少损害的发生，并立即向所在地检验检疫机构报告。

有前二款规定情形的，检验检疫机构应当及时向国家质检总局报告。

第四十八条 出口水产品备案养殖场有下列行为之一的，取消备案：

（一）存放或者使用中国、拟输入国家或者地区禁止使用的药物和其他有毒有害物质，使用的药物未标明有效成份或者使用含有禁用药物的药物添加剂，未按规定在休药期停药的；

（二）提供虚假供货证明、转让或者变相转让备案号的；

（三）隐瞒重大养殖水产品疫病或者未及时向检验检疫机构报告的；

（四）拒不接受检验检疫机构监督管理的；

（五）备案养殖场的名称、法定代表人发生变化后30日内未申请变更的；

（六）养殖规模扩大、使用新药或者新饲料，或者质量安全体系发生重大变化后30日内未向检验检疫机构报告的；

（七）一年内没有出口供货的；

（八）逾期未申请备案延续的；

（九）年度审核不合格的。

第四十九条 出口水产品生产企业有下列行为之一的，检验检疫机构可以责令整改以符合要求：

（一）首次因致病性微生物、环境污染物、农兽药残留等安全卫生项目不合格，遭到输入国家或者地区退货的；

（二）连续抽检三个报检批次的产品出现安全卫生项目不合格的；

（三）原料来源不清，批次管理混乱的；

（四）一年内日常监督检查中发现同一不符合项达到三次的；

（五）未建立产品追溯制度的。

第五十条 进出口水产品生产经营企业有其他违法行为的，按照相关法律、行政法规的规定予以处罚。

第五十一条 检验检疫机构及其工作人员在对进出口水产品实施检验检疫和监督管理工作中，违反法律法规及本办法规定的，按照规定查处。

第五章 附 则

第五十二条 本办法由国家质检总局负责解释。

第五十三条 本办法自2011年6月1日起施行。国家质检总局2002年11月6日公布的《进出境水产品检验检疫管理办法》（国家质检总局令第31号）同时废止。

进出口乳品检验检疫监督管理办法

国家质量监督检验检疫总局令

第 152 号

《进出口乳品检验检疫监督管理办法》已经国家质量监督检验检疫总局局务会议审议通过，现予公布，自 2013 年 5 月 1 日起施行。

国家质量监督检验检疫总局局长
2013 年 1 月 24 日

第一章 总 则

第一条 为了加强进出口乳品检验检疫监督管理，根据《中华人民共和国食品安全法》（以下简称食品安全法）及其实施条例、《中华人民共和国进出口商品检验法》及其实施条例、《中华人民共和国进出境动植物检疫法》及其实施条例、《国务院关于加强食品等产品安全监督管理的特别规定》（以下简称特别规定）、《乳品质量安全监督管理条例》等法律法规规定，制定本办法。

第二条 本办法所称乳品包括初乳、生乳和乳制品。

本办法所称初乳是指奶畜产犊后 7 天内的乳。

本办法所称生乳是指从符合中国有关要求的健康奶畜乳房中挤出的无任何成分改变的常乳。奶畜初乳、应用抗生素期间和休药期间的乳汁、变质乳不得用作生乳。

本办法所称乳制品是指由乳为主要原料加工而成的食品，如：

巴氏杀菌乳、灭菌乳、调制乳、发酵乳、干酪及再制干酪、稀奶油、奶油、无水奶油、炼乳、乳粉、乳清粉、乳清蛋白粉和乳基婴幼儿配方食品等。其中，由生乳加工而成、加工工艺中无热处理杀菌过程的产品为生乳制品。

第三条 国家质量监督检验检疫总局（以下简称国家质检总局）主管全国进出口乳品检验检疫监督管理工作。

国家质检总局设在各地的出入境检验检疫机构（以下简称检验检疫机构）负责所辖地区进出口乳品检验检疫监督管理工作。

第四条 进出口乳品生产经营者应当依法从事生产经营活动，对社会和公众负责，保证食品安全，诚实守信，接受社会监督，承担社会责任。

第二章　乳品进口

第五条 国家质检总局依据中国法律法规规定对向中国出口乳品的国家或者地区的食品安全管理体系和食品安全状况进行评估，并根据进口乳品安全状况及监督管理需要进行回顾性审查。

首次向中国出口乳品的国家或者地区，其政府主管部门应当向国家质检总局提供兽医卫生和公共卫生的法律法规体系、组织机构、兽医服务体系、安全卫生控制体系、残留监控体系、动物疫病的检测监控体系及拟对中国出口的产品种类等资料。

国家质检总局依法组织评估，必要时，可以派专家组到该国家或者地区进行现场调查。经评估风险在可接受范围内的，确定相应的检验检疫要求，包括相关证书和出证要求，允许其符合要求的相关乳品向中国出口。双方可以签署议定书确认检验检疫要求。

第六条 国家质检总局对向中国出口乳品的境外食品生产企业（以下简称境外生产企业）实施注册制度，注册工作按照国家质检总局相关规定执行。

境外生产企业应当经出口国家或者地区政府主管部门批准设立，符合出口国家或者地区法律法规相关要求。

境外生产企业应当熟悉并保证其向中国出口的乳品符合中国食品安全国家标准和相关要求，并能够提供中国食品安全国家标准规定项目的检测报告。境外生产企业申请注册时应当明确其拟向中国出口的乳品种类、品牌。

获得注册的境外生产企业应当在国家质检总局网站公布。

第七条 向中国出口的乳品，应当附有出口国家或者地区政府主管部门出具的卫生证书。证书应当证明下列内容：

（一）乳品原料来自健康动物；

（二）乳品经过加工处理不会传带动物疫病；

（三）乳品生产企业处于当地政府主管部门的监管之下；

（四）乳品是安全的，可供人类食用。

证书应当有出口国家或者地区政府主管部门印章和其授权人签字，目的地应当标明为中华人民共和国。

证书样本应当经国家质检总局确认，并在国家质检总局网站公布。

第八条 需要办理检疫审批手续的进口乳品，应当在取得《中华人民共和国进境动植物检疫许可证》后，方可进口。

国家质检总局可以依法调整并公布实施检疫审批的乳品种类。

第九条 向中国境内出口乳品的出口商或者代理商应当向国家质检总局备案。申请备案的出口商或者代理商应当按照备案要求提供备案信息，对信息的真实性负责。

备案名单应当在国家质检总局网站公布。

第十条 检验检疫机构对进口乳品的进口商实施备案管理。进口商应当有食品安全专业技术人员、管理人员和保证食品安全的规章制度,并按照国家质检总局规定,向其工商注册登记地检验检疫机构申请备案。

第十一条　进口乳品的进口商或者其代理人,应当持下列材料向海关报关地的检验检疫机构报检:

(一)合同、发票、装箱单、提单等必要凭证。

(二)符合本办法第七条规定的卫生证书。

(三)首次进口的乳品,应当提供相应食品安全国家标准中列明项目的检测报告。首次进口,指境外生产企业、产品名称、配方、境外出口商、境内进口商等信息完全相同的乳品从同一口岸第一次进口。

(四)非首次进口的乳品,应当提供首次进口检测报告的复印件以及国家质检总局要求项目的检测报告。非首次进口检测报告项目由国家质检总局根据乳品风险监测等有关情况确定并在国家质检总局网站公布。

(五)进口乳品安全卫生项目(包括致病菌、真菌毒素、污染物、重金属、非法添加物)不合格,再次进口时,应当提供相应食品安全国家标准中列明项目的检测报告;连续5批次未发现安全卫生项目不合格,再次进口时提供相应食品安全国家标准中列明项目的检测报告复印件和国家质检总局要求项目的检测报告。

(六)进口预包装乳品的,应当提供原文标签样张、原文标签中文翻译件、中文标签样张等资料。

(七)进口需要检疫审批的乳品,应当提供进境动植检疫许可证。

(八)进口尚无食品安全国家标准的乳品,应当提供国务院卫生行政部门出具的许可证明文件。

（九）涉及有保健功能的，应当提供有关部门出具的许可证明文件。

（十）标注获得奖项、荣誉、认证标志等内容的，应当提供经外交途径确认的有关证明文件。

第十二条 进口乳品的进口商应当保证其进口乳品符合中国食品安全国家标准，并公布其进口乳品的种类、产地、品牌。

进口尚无食品安全国家标准的乳品，应当符合国务院卫生行政部门出具的许可证明文件中的相关要求。

第十三条 进口乳品的包装和运输工具应当符合安全卫生要求。

第十四条 进口预包装乳品应当有中文标签、中文说明书，标签、说明书应当符合中国有关法律法规规定和食品安全国家标准。

第十五条 进口乳品在取得入境货物检验检疫证明前，应当存放在检验检疫机构指定或者认可的监管场所，未经检验检疫机构许可，任何单位和个人不得擅自动用。

第十六条 检验检疫机构应当按照《中华人民共和国进出口商品检验法》规定的方式对进口乳品实施检验；进口乳品存在动植物疫情疫病传播风险的，应当按照《中华人民共和国进出境动植物检疫法》规定实施检疫。

第十七条 进口乳品经检验检疫合格，由检验检疫机构出具入境货物检验检疫证明后，方可销售、使用。

进口乳品入境货物检验检疫证明中应当列明产品名称、品牌、出口国家或者地区、规格、数/重量、生产日期或者批号、保质期等信息。

第十八条 进口乳品经检验检疫不合格的，由检验检疫机构出具不合格证明。涉及安全、健康、环境保护项目不合格的，检验检疫机构责令当事人销毁，或者出具退货处理通知单，由进口商办理退运手续。其他项目不合格的，可以在检验检疫机构监督下进行技术处理，经重新检验合格后，方可销售、使用。

进口乳品销毁或者退运前，进口乳品进口商应当将不合格乳品自行封存，单独存放于检验检疫机构指定或者认可的场所，未经检验检疫机构许可，不得擅自调离。

进口商应当在3个月内完成销毁，并将销毁情况向检验检疫机构报告。

第十九条 进口乳品的进口商应当建立乳品进口和销售记录制度，如实记录进口乳品的入境货物检验检疫证明编号、名称、规格、数量、生产日期或者批号、保质期、出口商和购货者名称及联系方式、交货日期等内容。记录应当真实，记录保存期限不得少于2年。

检验检疫机构应当对本辖区内进口商的进口和销售记录进行检查。

第二十条 进口乳品原料全部用于加工后复出口的，检验检疫机构可以按照出口目的国家或者地区的标准或者合同要求实施检验，并在出具的入境货物检验检疫证明上注明"仅供出口加工使用"。

第二十一条 检验检疫机构应当建立进口乳品进口商信誉记录。

检验检疫机构发现不符合法定要求的进口乳品时，可以将不符合法定要求的进口乳品进口商、报检人、代理人列入不良记录名单；对有违法行为并受到处罚的，可以将其列入违法企业名单并对外公布。

第三章 乳品出口

第二十二条 国家质检总局对出口乳品生产企业实施备案制度,备案工作按照国家质检总局相关规定执行。

出口乳品应当来自备案的出口乳品生产企业。

第二十三条 出口生乳的奶畜养殖场应当向检验检疫机构备案。检验检疫机构在风险分析的基础上对备案养殖场进行动物疫病、农兽药残留、环境污染物及其他有毒有害物质的监测。

第二十四条 出口生乳奶畜养殖场应当建立奶畜养殖档案,载明以下内容:

(一)奶畜的品种、数量、繁殖记录、标识情况、来源和进出场日期;

(二)饲料、饲料添加剂、兽药等投入品的来源、名称、使用对象、时间和用量;

(三)检疫、免疫、消毒情况;

(四)奶畜发病、死亡和不合格生乳的处理情况;

(五)生乳生产、贮存、检验、销售情况。

记录应当真实,保存期限不得少于2年。

第二十五条 出口生乳奶畜养殖不得使用中国及进口国家或者地区禁用的饲料、饲料添加剂、兽药以及其他对动物和人体具有直接或者潜在危害的物质。禁止出口奶畜在规定用药期和休药期内产的乳。

第二十六条 出口乳品生产企业应当符合良好生产规范要求,建立并实施危害分析与关键控制点体系(HACCP),并保证体系有效运行。

第二十七条 出口乳制品生产企业应当建立下列制度:

（一）原料、食品添加剂、食品相关产品进货查验制度，如实记录其名称、规格、数量、供货者名称及联系方式、进货日期等；

（二）生产记录制度，如实记录食品生产过程的安全管理情况；

（三）出厂检验制度，对出厂的乳品逐批检验，并保存检验报告，留取样品；

（四）乳品出厂检验记录制度，查验出厂乳品检验合格证和质量安全状况，如实记录产品的名称、规格、数量、生产日期、保质期、生产批号、检验合格证号、购货者名称及联系方式、销售日期等。

上述记录应当真实，保存期不得少于 2 年。

第二十八条 出口乳品生产企业应当对出口乳品加工用原辅料及成品进行检验或者委托有资质的检验机构检验，并出具检验报告。

第二十九条 出口乳品的包装和运输方式应当符合安全卫生要求。

对装运出口易变质、需要冷冻或者冷藏乳品的集装箱、船舱、飞机、车辆等运载工具，承运人、装箱单位或者其代理人应当按照规定对运输工具和装载容器进行清洗消毒并做好记录，在装运前向检验检疫机构申请清洁、卫生、冷藏、密固等适载检验；未经检验或者经检验不合格的，不准装运。

第三十条 出口乳品的出口商或者其代理人应当按照国家质检总局的报检规定，向出口乳品生产企业所在地检验检疫机构报检。

第三十一条 检验检疫机构根据出口乳品的风险状况、生产企业的安全卫生质量管理水平、产品安全卫生质量记录、既往出口情况、进口国家或者地区要求等，制定出口乳品抽检方案，按照下列要求对出口乳品实施检验：

（一）双边协议、议定书、备忘录确定的检验检疫要求；

（二）进口国家或者地区的标准；

（三）贸易合同或者信用证注明的检验检疫要求。

均无上述标准或者要求的，按照中国法律法规及相关食品安全国家标准规定实施检验。

出口乳品的生产企业、出口商应当保证其出口乳品符合上述要求。

第三十二条 出口乳品经检验检疫符合相关要求的，检验检疫机构出具《出境货物通关单》或者《出境货物换证凭单》，并出具检验检疫证书；经检验检疫不合格的，出具《出境货物不合格通知单》，不得出口。

第三十三条 出口乳品出境口岸检验检疫机构按照出境货物换证查验的相关规定，检查货证是否相符。查验合格的，凭产地检验检疫机构出具的《出境货物换证凭单》换发《出境货物通关单》；查验不合格的，由口岸检验检疫机构出具不合格证明，不准出口。

产地检验检疫机构与口岸检验检疫机构应当建立信息交流机制，及时通报出口乳品在检验检疫过程中发现的卫生安全问题，并按照规定上报。

第三十四条 出口乳品生产经营者应当建立产品追溯制度，建立相关记录，保证追溯有效性。记录保存期限不得少于2年。

第三十五条 出口乳品生产企业应当建立样品管理制度，样品保管的条件、时间应当适合产品本身的特性，数重量应当满足检验要求。

第三十六条 检验检疫机构发现不符合法定要求的出口乳品时，可以将其生产经营者列入不良记录名单；对有违法行为并受到处罚的，可以将其列入违法企业名单并对外公布。

第四章 风险预警

第三十七条 国家质检总局和检验检疫机构应当收集和整理主动监测、执法监管、实验室检验、境外通报、国内机构组织通报、媒体网络报道、投诉举报以及相关部门转办等乳品安全信息。

第三十八条 进出口乳品生产经营者应当建立风险信息报告制度，制定乳品安全风险信息应急方案，并配备应急联络员；设立专职的风险信息报告员，对已发现的进出口乳品召回和处理情况等风险信息及时报告检验检疫机构。

第三十九条 检验检疫机构应当对经核准、整理的进出口乳品安全信息提出初步处理意见，并按照规定的要求和程序向国家质检总局报告，向地方政府、有关部门通报。

第四十条 国家质检总局和直属检验检疫局应当根据进出口乳品安全风险信息的级别发布风险预警通报。国家质检总局视情况可以发布风险预警通告，并决定采取以下措施：

（一）有条件地限制进出口，包括严密监控、加严检验、责令召回等；

（二）禁止进出口，就地销毁或者作退运处理；

（三）启动进出口乳品安全应急处置预案。

检验检疫机构负责组织实施风险预警及控制措施。

第四十一条 向中国出口乳品的国家或者地区发生可能影响乳品安全的动物疫病或者其他重大食品安全事件时，国家质检总局可以根据中国法律法规规定，对进口乳品采取本办法第四十条规定的风险预警及控制措施。

国家质检总局可以依据疫情变化、食品安全事件处置情况、出口国家或者地区政府主管部门和乳品生产企业提供的相关资料，经评估后调整风险预警及控制措施。

第四十二条 进出口乳品安全风险已不存在或者已降低到可接受的程度时，应当及时解除风险预警通报和风险预警通告及控制措施。

第四十三条 进口乳品存在安全问题，已经或者可能对人体健康和生命安全造成损害的，进口乳品进口商应当主动召回并向所在地检验检疫机构报告。进口乳品进口商应当向社会公布有关信息，通知批发、销售者停止批发、销售，告知消费者停止使用，做好召回乳品情况记录。

检验检疫机构接到报告后应当进行核查，根据进口乳品影响范围按照规定上报。

进口乳品进口商不主动实施召回的，由直属检验检疫局向其发出责令召回通知书并报告国家质检总局。必要时，国家质检总局可以责令召回。国家质检总局可以发布风险预警通报或者风险预警通告，并采取本办法第四十条规定的措施以及其他避免危害发生的措施。

第四十四条 发现出口的乳品存在安全问题，已经或者可能对人体健康和生命安全造成损害的，出口乳品生产经营者应当采取措施，避免和减少损害的发生，并立即向所在地检验检疫机构报告。

第四十五条 检验检疫机构在依法履行进出口乳品检验检疫监督管理职责时有权采取下列措施：

（一）进入生产经营场所实施现场检查；

（二）查阅、复制、查封、扣押有关合同、票据、账簿以及其他有关资料；

（三）查封、扣押不符合法定要求的产品，违法使用的原料、辅料、添加剂、农业投入品以及用于违法生产的工具、设备；

（四）查封存在危害人体健康和生命安全重大隐患的生产经营场所。

第四十六条　检验检疫机构应当按照有关规定将采取的控制措施向国家质检总局报告并向地方政府、有关部门通报。

国家质检总局按照有关规定将相关进出口乳品安全信息及采取的控制措施向有关部门通报。

第五章　法律责任

第四十七条　进口乳品经检验检疫不符合食品安全国家标准，擅自销售、使用的，由检验检疫机构按照食品安全法第八十五条、第八十九条的规定，没收违法所得、违法生产经营的乳品和用于违法生产经营的工具、设备、原料等物品；违法生产经营的乳品货值金额不足1万元的，并处2000元以上5万元以下罚款；货值金额1万元以上的，并处货值金额5倍以上10倍以下罚款；情节严重的，吊销许可证。

第四十八条　进口乳品进口商有下列情形之一，由检验检疫机构依照食品安全法第八十七条、第八十九条的规定，责令改正，给予警告；拒不改正的，处2000元以上2万元以下罚款；情节严重的，取消备案：

（一）未建立乳品进口、销售记录制度的；

（二）进口、销售记录制度不全面、不真实的；

（三）进口、销售记录保存期限不足2年的；

（四）记录发生涂改、损毁、灭失或者有其他情形无法反映真实情况的；

（五）伪造、变造进口、销售记录的。

第四十九条 进口乳品进口商有本办法第四十八条所列情形以外,其他弄虚作假行为的,由检验检疫机构按照特别规定第八条规定,没收违法所得和乳品,并处货值金额 3 倍的罚款;构成犯罪的,依法追究刑事责任。

第五十条 出口乳品出口商有下列情形之一,未遵守食品安全法规定出口乳品的,由检验检疫机构按照食品安全法第八十五条、第八十九条的规定,没收违法所得、违法生产经营的乳品和用于违法生产经营的工具、设备、原料等物品;违法生产经营的乳品货值金额不足 1 万元的,并处 2000 元以上 5 万元以下罚款;货值金额 1 万元以上的,并处货值金额 5 倍以上 10 倍以下罚款;情节严重的,取消出口乳品生产企业备案:

(一)未报检或者未经监督、检验合格擅自出口的;

(二)出口乳品经检验不合格,擅自出口的;

(三)擅自调换经检验检疫机构监督、抽检并已出具检验检疫证明的出口乳品的;

(四)出口乳品来自未经检验检疫机构备案的出口乳品生产企业的。

第五十一条 出口乳品生产经营者有本办法第五十条所列情形以外,其他弄虚作假行为的,由检验检疫机构按照特别规定第七条规定,没收违法所得和乳品,并处货值金额 3 倍的罚款;构成犯罪的,依法追究刑事责任。

第五十二条 有下列情形之一的,由检验检疫机构责令改正,有违法所得的,处以违法所得 3 倍以下罚款,最高不超过 3 万元;没有违法所得的,处 1 万元以下罚款。

(一)进口乳品进口商未在规定的期限内按照检验检疫机构要求处置不合格乳品的;

（二）进口乳品进口商违反本办法第十八条规定，在不合格进口乳品销毁或者退运前，未采取必要措施进行封存并单独存放的；

（三）进口乳品进口商将不合格进口乳品擅自调离检验检疫机构指定或者认可的场所的；

（四）出口生乳的奶畜养殖场奶畜养殖过程中违规使用农业化学投入品的；

（五）出口生乳的奶畜养殖场相关记录不真实或者保存期少于2年的；

（六）出口乳品生产经营者未建立追溯制度或者无法保证追溯制度有效性的；

（七）出口乳品生产企业未建立样品管理制度，或者保存的样品与实际不符的；

（八）出口乳品生产经营者违反本办法关于包装和运输相关规定的。

第五十三条　进出口乳品生产经营者、检验检疫机构及其工作人员有其他违法行为的，按照相关法律法规的规定处理。

第六章　附　则

第五十四条　进出口乳品进出口商对检验检疫结果有异议的，可以按照《进出口商品复验管理办法》的规定申请复验。

第五十五条　饲料用乳品、其他非食用乳品以及以快件、邮寄或者旅客携带方式进出口的乳品，按照国家有关规定办理。

第五十六条　本办法由国家质检总局负责解释。

第五十七条　本办法自2013年5月1日起施行。

进境动物隔离检疫场使用监督管理办法

国家质量监督检验检疫总局令

2009 年第 122 号

《进境动物隔离检疫场使用监督管理办法》已经 2009 年 9 月 28 日国家质量监督检验检疫总局局务会议审议通过,现予公布,自 2009 年 12 月 10 日起施行。

国家质量监督检验检疫总局局长
二〇〇九年十月二十二日

第一章 总 则

第一条 为做好进境动物隔离检疫场(以下简称隔离场)的管理工作,根据《中华人民共和国进出境动植物检疫法》及其实施条例等法律法规的规定,制定本办法。

第二条 本办法所称隔离场是指专用于进境动物隔离检疫的场所。包括两类,一是国家质量监督检验检疫总局(以下简称国家质检总局)设立的动物隔离检疫场所(以下简称国家隔离场),二是由各直属检验检疫局指定的动物隔离场所(以下简称指定隔离场)。

第三条 申请使用隔离场的单位或者个人(以下简称使用人)和国家隔离场或者指定隔离场的所有单位或者个人(以下简称所有人)应当遵守本办法的规定。

第四条 国家质检总局主管全国进境动物隔离场的监督管理工作。

国家质检总局设在各地的出入境检验检疫机构（以下简称检验检疫机构）负责辖区内进境动物隔离场的监督管理工作。

第五条　隔离场的选址、布局和建设，应当符合国家相关标准和要求。

相关标准与要求由国家质检总局另行发文明确。

第六条　使用国家隔离场，应当经国家质检总局批准。使用指定隔离场，应当经所在地直属检验检疫局批准。

进境种用大中动物应当在国家隔离场隔离检疫，当国家隔离场不能满足需求，需要在指定隔离场隔离检疫时，应当报经国家质检总局批准。

进境种用大中动物之外的其他动物应当在国家隔离场或者指定隔离场隔离检疫。

第七条　进境种用大中动物隔离检疫期为45天，其他动物隔离检疫期为30天。

需要延长或者缩短隔离检疫期的，应当报国家质检总局批准。

第二章　使用申请

第八条　申请使用国家隔离场的，使用人应当向国家质检总局提交如下材料：

（一）填制真实准确的《中华人民共和国进境动物隔离检疫场使用申请表》；

（二）使用人（法人或者自然人）身份证明材料复印件；

（三）对外贸易经营权证明材料复印件；

（四）进境动物从入境口岸进入隔离场的运输安排计划和运输路线；

（五）国家质检总局要求的其它材料。

第九条 申请使用指定隔离场的，使用人应当在办理《中华人民共和国进境动植物检疫许可证》前，向所在地直属检验检疫局提交如下材料：

（一）填制真实准确的《中华人民共和国进境动物隔离检疫场使用申请表》；

（二）使用人（法人或者自然人）身份证明材料复印件；

（三）对外贸易经营权证明材料复印件；

（四）隔离场整体平面图及显示隔离场主要设施和环境的照片；

（五）隔离场动物防疫、饲养管理等制度；

（六）由县级或者县级以上兽医行政主管部门出具的隔离场所在地未发生《中华人民共和国进境动物一、二类传染病、寄生虫病名录》、《中华人民共和国一、二、三类动物疫病病种名录》中规定的与隔离检疫动物相关的一类动物传染病证明；

（七）进境动物从入境口岸进入隔离场的运输安排计划和运输路线；

（八）当隔离场的使用人与所有人不一致时，使用人还须提供与所有人签订的隔离场使用协议；

（九）检验检疫机构要求的其它材料。

第十条 国家质检总局、直属检验检疫局应当按照规定对隔离场使用申请进行审核。

隔离场使用人申请材料不齐全或者不符合法定形式的，应当当场或者在 5 个工作日内一次告知使用人需要补正的全部内容，逾期不告知的，自收到申请材料之日起即为受理。

受理申请后，国家质检总局、直属检验检疫局应当根据本办法规定，对使用人提供的有关材料进行审核，并对申请使用的隔离场组织实地考核。

申请使用指定隔离场用于隔离种用大中动物的，由直属检验检疫局审核提出审核意见报国家质检总局批准；用于种用大中动物之外的其他动物隔离检疫的，由直属检验检疫局审核、批准。

第十一条　国家质检总局、直属检验检疫局应当自受理申请之日起 20 个工作日内做出书面审批意见（现场考核评审时间不计入 20 个工作日内）。经审核合格的，直属检验检疫局受理的，由直属检验检疫局签发《隔离场使用证》。国家质检总局受理的，由国家质检总局在签发的《中华人民共和国进境动植物检疫许可证》中列明批准内容。20 个工作日内不能做出决定的，经本机构负责人批准，可以延长 10 个工作日，并应当将延长期限的理由告知使用人。其他法律、法规另有规定的，依照其规定执行。

不予批准的，应当书面说明理由，告知申请人享有依法申请行政复议或者提起行政诉讼的权利。

第十二条　《隔离场使用证》有效期为 6 个月。

隔离场使用人凭有效《隔离场使用证》向隔离场所在地直属检验检疫局申请办理《中华人民共和国进境动植物检疫许可证》。

第十三条　《隔离场使用证》的使用一次有效。

同一隔离场再次申请使用的，应当重新办理审批手续。两次使用的间隔期间不得少于 30 天。

第十四条　已经获得《隔离场使用证》，发生下列情形之一时，隔离场使用人应当重新申请办理：

（一）《隔离场使用证》超过有效期的；

（二）《隔离场使用证》内容发生变更的；

（三）隔离场设施和环境卫生条件发生改变的。

第十五条　已经获得《隔离场使用证》，发生下列情况之一时，由发证机关撤回：

（一）隔离场原有设施和环境卫生条件发生改变，不符合隔离动物检疫条件和要求的；

（二）隔离场所在地发生一类动物传染病、寄生虫病或者其他突发事件的。

第十六条 使用人以欺骗、贿赂等不正当手段取得《隔离场使用证》的，检验检疫机构应当依法将其《隔离场使用证》撤销。

第三章　检疫准备

第十七条 隔离场经批准使用后，使用人应当做好隔离场的维护，保持隔离场批准时的设施完整和环境卫生条件，保证相关设施的正常运行。

第十八条 动物进场前，检验检疫机构应当派员实地核查隔离场设施和环境卫生条件的维护情况。

第十九条 使用人应当确保隔离场使用前符合下列要求：

（一）动物进入隔离场前10天，所有场地、设施、工具必须保持清洁，并采用检验检疫机构认可的有效方法进行不少于3次的消毒处理，每次消毒之间应当间隔3天；

（二）应当准备供动物隔离期间使用的充足的饲草、饲料和垫料。饲草、垫料不得来自严重动物传染病或者寄生虫病疫区，饲料应当符合法律法规的规定，并建立进场检查验收登记制度；

饲草、饲料和垫料应当在检验检疫机构的监督下，由检验检疫机构认可的单位进行熏蒸消毒处理；

水生动物不得饲喂鲜活饵料，遇特殊需要时，应当事先征得检验检疫机构的同意；

（三）应当按照检验检疫机构的要求，适当储备必要的防疫消毒器材、药剂、疫苗等，并建立进场检查验收和使用登记制度；

（四）饲养人员和隔离场管理人员，在进入隔离场前，应当到具有相应资质的医疗机构进行健康检查并取得健康证明。未取得健康证明的，不准进入隔离场。健康检查项目应当包括活动性肺结核、布氏杆菌病、病毒性肝炎等人畜共患病；

（五）饲养人员和管理人员在进入隔离场前应当接受检验检疫机构的动物防疫、饲养管理等基础知识培训，经考核合格后方可上岗；

（六）人员、饲草、饲料、垫料、用品、用具等应当在隔离场作最后一次消毒前进入隔离检疫区；

（七）用于运输隔离检疫动物的运输工具及辅助设施，在使用前应当按照检验检疫机构的要求进行消毒，人员、车辆的出入通道应当设置消毒池或者放置消毒垫。

第四章 隔离检疫

第二十条 经入境口岸检验检疫机构现场检验检疫合格的进境动物方可运往隔离场进行隔离检疫。

第二十一条 检验检疫机构对隔离场实行监督管理，监督和检查隔离场动物饲养、防疫等措施的落实。对进境种用大中动物，隔离检疫期间实行 24 小时检验检疫机构工作人员驻场监管。

第二十二条 检验检疫机构工作人员、隔离场使用人应当按照要求落实各项管理措施，认真填写《进出境动物隔离检疫场检验检疫监管手册》。

第二十三条 检验检疫机构负责隔离检疫期间样品的采集、送检和保存工作。隔离动物样品采集工作应当在动物进入隔离场后 7 天内完成。样品保存时间至少为 6 个月。

第二十四条 检验检疫机构按照国家质检总局的有关规定，对动物进行临床观察和实验室项目的检测，根据检验检疫结果出具相关的单证，实验室检疫不合格的，应当尽快将有关情况通知隔离场使用人并对阳性动物依法及时进行处理。

第二十五条　检验检疫机构按照国家质检总局相关的规定对进口动物进行必要的免疫和预防性治疗。隔离场使用人在征得检验检疫机构同意后可以对患病动物进行治疗。

第二十六条　动物隔离检疫期间，隔离场使用人应当做到：

（一）门卫室实行 24 小时值班制，对人员、车辆、用具、用品实行严格的出入登记制度。发现有异常情况及时向检验检疫机构报告；

（二）保持隔离场完好和场内环境清洁卫生，做好防火、防盗和灭鼠、防蚊蝇等工作；

（三）人员、车辆、物品出入隔离场的应当征得检验检疫机构的同意，并采取有效的消毒防疫措施后，方可进出隔离区；人员在进入隔离场前 15 天内未从事与隔离动物相关的实验室工作，也未参观过其它农场、屠宰厂或者动物交易市场等；

（四）不得将与隔离动物同类或者相关的动物及其产品带入隔离场内；

（五）不得饲养除隔离动物以外的其它动物。特殊情况需使用看门犬的，应当征得检验检疫机构同意。犬类动物隔离场，不得使用看门犬；

（六）饲养人员按照规定作息时间做好动物饲喂、饲养场地的清洁卫生，定期对饲养舍、场地进行清洗、消毒，保持动物、饲养舍、场区和所有用具的清洁卫生，并做好相关记录；

（七）隔离检疫期间所使用的饲料、饲料添加剂与农业投入品应当符合法律、行政法规的规定和国家强制性标准的规定；

（八）严禁转移隔离检疫动物和私自采集、保存、运送检疫动物血液、组织、精液、分泌物等样品或者病料。未经检验检疫机构同意，不得将生物制品带入隔离场内，不得对隔离动物进行药物治疗、疫苗注射、人工授精和胚胎移植等处理；

（九）隔离检疫期间，严禁将隔离动物产下的幼畜、蛋及乳等移出隔离场；

（十）隔离检疫期间，应当及时对动物栏舍进行清扫，粪便、垫料及污物、污水应当集中放置或者及时进行无害化处理。严禁将粪便、垫料及污物移出隔离场；

（十一）发现疑似患病或者死亡的动物，应当立即报告所在地检验检疫机构，并立即采取下列措施：

1. 将疑似患病动物移入患病动物隔离舍（室、池），由专人负责饲养管理；

2. 对疑似患病和死亡动物停留过的场所和接触过的用具、物品进行消毒处理；

3. 禁止自行处置（包括解剖、转移、急宰等）患病、死亡动物；

4. 死亡动物应当按照规定作无害化处理。

第二十七条 隔离检疫期间，隔离场内发生重大动物疫情的，应当按照《进出境重大动物疫情应急处置预案》处理。

第五章 后续监管

第二十八条 隔离场使用完毕后，应当在检验检疫机构的监督下，作如下处理：

（一）动物的粪便、垫料及污物、污水进行无害化处理确保符合防疫要求后，方可运出隔离场；

（二）剩余的饲料、饲草、垫料和用具等应当作无害化处理或者消毒后方可运出场外；

（三）对隔离场场地、设施、器具进行消毒处理。

第二十九条　隔离场使用人及隔离场所在地检验检疫机构应当按照规定记录动物流向和《隔离场检验检疫监管手册》，档案保存期至少5年。

第三十条　种用大中动物隔离检疫结束后，承担隔离检疫任务的直属检验检疫局应当在2周内将检疫情况书面上报国家质检总局并通报目的地检验检疫机构。检疫情况包括：隔离检疫管理、检疫结果、动物健康状况、检疫处理情况及动物流向。

第六章　法律责任

第三十一条　动物隔离检疫期间，隔离场使用人有下列情形之一的，由检验检疫机构按照《进出境动植物检疫法实施条例》第六十条规定予以警告；情节严重的，处以3000元以上3万元以下罚款：

（一）将隔离动物产下的幼畜、蛋及乳等移出隔离场的；

（二）未经检验检疫机构同意，对隔离动物进行药物治疗、疫苗注射、人工授精和胚胎移植等处理；

（三）未经检验检疫机构同意，转移隔离检疫动物或者采集、保存其血液、组织、精液、分泌物等样品或者病料的；

（四）发现疑似患病或者死亡的动物，未立即报告所在地检验检疫机构，并自行转移和急宰患病动物，自行解剖和处置患病、死亡动物的；

（五）未将动物按照规定调入隔离场的。

第三十二条　动物隔离检疫期间，隔离场使用人有下列情形之一的，由检验检疫机构予以警告；情节严重的，处以1万元以下罚款：

（一）人员、车辆、物品未经检验检疫机构同意，并未采取有效的消毒防疫措施，擅自进入隔离场的；

（二）饲养隔离动物以外的其他动物的；

（三）未经检验检疫机构同意，将与隔离动物同类或者相关动物及其产品、动物饲料、生物制品带入隔离场内的。

第三十三条 隔离场使用完毕后，隔离场使用人有下列情形的，由检验检疫机构责令改正；情节严重的，处以1万元以下罚款：

（一）未在检验检疫机构的监督下对动物的粪便、垫料及污物、污水进行无害化处理，不符合防疫要求即运出隔离场的；

（二）未在检验检疫机构的监督下对剩余的饲料、饲草、垫料和用具等作无害化处理或者消毒后即运出隔离场的；

（三）未在检验检疫机构的监督下对隔离场场地、设施、器具进行消毒处理的。

第三十四条 隔离场检疫期间，有下列情形之一的，由检验检疫机构对隔离场使用人处以1万元以下罚款：

（一）隔离场发生动物疫情隐瞒不报的；

（二）存放、使用我国或者输入国家/地区禁止使用的药物或者饲料添加剂的；

（三）拒不接受检验检疫机构监督管理的。

第三十五条 隔离场使用人有下列违法行为之一的，由检验检疫机构按照《进出境动植物检疫法实施条例》第六十二条规定处2万元以上5万元以下的罚款；构成犯罪的，依法追究刑事责任：

（一）引起重大动物疫情的；

（二）伪造、变造动物检疫单证、印章、标志、封识的。

第七章 附 则

第三十六条 我国与进口国家/地区政府主管部门签署的议定书中规定或者进口国家/地区官方要求对出境动物必须实施隔离检疫的,出境动物隔离检疫场使用监督工作按照进口国的要求并参照本办法执行。

第三十七条 本办法由国家质检总局负责解释。

第三十八条 本办法所列各类表格及证书式样另行发布。

第三十九条 本办法自 2009 年 12 月 10 日起施行。

附 录

进境肉类产品检验检疫管理规定

国家质量监督检验检疫总局公告
2004 年第 49 号

为规范进境肉类产品的检验检疫管理，防止疫情的传入传出，降低安全卫生风险，确保进境肉类产品的卫生质量，促进贸易的健康发展，根据《中华人民共和国进出口商品检验法》、《中华人民共和国进出境动植物检疫法》及其实施条例、《中华人民共和国食品卫生法》、《中华人民共和国产品质量法》、《进出境肉类检验检疫管理办法》以及其他有关规定，国家质检总局制定了《进境肉类产品检验检疫管理规定》。现予公布，请各有关单位遵照执行。

二〇〇四年五月九日

为进一步规范进境肉类产品的检验检疫管理，防止动物疫情传入，降低安全卫生风险，确保进境肉类产品的卫生质量，保护我国农、林、牧、渔业生产和人体健康，促进贸易的健康发展，根据《中华人民共和国进出口商品检验法》、《中华人民共和国进出境动植物检疫法》及其实施条例、《中华人民共和国食品卫生法》、《中华人民共和国产品质量法》、《进出境肉类检验检疫管理办法》以及其他有关规定，制定本规定。

一、检验检疫机构管理职责

（一）国家质量监督检验检疫总局（以下简称质检总局）负责进境肉类产品的检验检疫管理和入境口岸查验设施建设的规划。根据口岸具备的查验设施和技术力量，指定入境口岸，批准和公布《允许进口肉类产品的国家或地区以及相应的品种和用途名单》（以下简称名单）和指定的注册存贮冷库和加工使用单位，实施检疫审批和风险预警，负责组织签证兽医的培训、考核和认可，以及每年检验检疫机构工作质量的监督检查。

（二）各直属检验检疫局（以下简称直属局）负责辖区内进境肉类产品进口经营单位的资格认定、检疫许可的初审，入境口岸查验、指定的注册存放冷库和加工使用单位的审核和监管，检验检疫处理、残留监控计划的实施和工作质量的检查等工作，以保证进境肉类产品的安全卫生质量。

各直属局应结合本地区实际制订相应的检验检疫工作制度、程序和记录，规范审批、口岸查验、检验检疫出证和日常监管行为。建立工作质量定期检查制度，检查各项工作要求的落实执行情况，保证进境肉类产品的检验检疫工作质量。

各直属局要加强组织和领导，实行一把手负责制。明确各部门的职责分工，逐级分解落实，建立和完善奖惩机制、岗位责任制和责任追究制，提高各级人员的工作责任心。

（三）承担进境肉类产品检验检疫业务机构应具备的条件：

1. 辖区内具备满足贸易需要的指定注册存贮冷库或加工单位冷库，冷库毗邻口岸且交通便利。

2. 具备常规细菌和致病菌的检测能力，能够开展一般残留物质检验项目的初筛，所在地直属局具备疫病病原检测能力和残留检测确证技术手段。

3. 具有 2 名以上经质检总局资格认定，签发进境肉类产品放行单证的签证兽医。签证兽医须达到如下条件：坚定的政治信念和良好的政治素质，大学本科以上学历和必备的兽医专业知识，从事动物产品检验检疫工作 5 年以上并具备丰富的肉类产品检验检疫监管工作经验，熟悉进口肉类产品检验检疫要求并具有良好的英语水平。

4. 配备与进境肉类产品检验检疫监管业务相适应的专业技术人员，设有相应的工作岗位并实行定期轮岗制度。

5. 所有从事进境肉类产品检验检疫监管工作的人员在上岗前，必须由各直属局职能部门组织进行专业培训，经考核合格后给予上岗资格。非专业人员和未经考核合格的人员不得从事相关检验检疫监管和签证工作。

6. 在进境肉类产品检验检疫执法把关中有突出成绩的应给予表彰和奖励；对于出现工作责任事故或连续两次工作质量检查不合格的，要调离原工作岗位。

（四）各直属局应根据质检总局年度残留监控计划制定本辖区内的实施方案。按照《官方取样程序》和《残留分析质量控制指南》建立规范的取样、送样、检验、验证、记录保存、报告和阳性结果反馈追溯程序。发现阳性结果的应在 48 小时之内反馈送样单位并上报质检总局，并按有关规定采取相应的后续行动。年度计划完成后，应及时汇总监控结果，分析存在的问题，提出调整下一年度监控计划的合理化建议。

（五）各检验检疫机构应定期核定辖区内进境肉类产品的加工、

存放、使用情况，发现问题及时上报；残留监控、入境查验和检验检疫中发现不合格的，应及时上报质检总局发布警示通报。各直属局应在年中和年末将入境肉类的检验检疫工作情况、存在问题和工作建议以质量分析报告上报质检总局。

（六）各检验检疫机构应与海关、边检、技监、工商、农牧、卫生和商务等有关部门建立协作机制，密切关注国内外疫情和有毒有害物质污染的信息，严格遵照质检总局令、公告、风险警示和公文函电的要求，及时协调相关部门，沟通情况，采取快速反应和严厉打击非法入境措施，必要时启动各种应急预案，做到有令必行，令行禁止。

二、经营企业的管理要求

（一）各直属局对辖区内的进境肉类产品进口单位、指定的注册存放冷库和加工使用单位实行检疫监督制度。

1. 直属局对辖区内遵章守纪、诚信经营、具备一定经营进境肉类业务实绩且无任何不良记录的合法对外贸易经营者进行资格认定，报质检总局审定后上网公布。

各直属局对认定资格的单位，每年至少抽查 2 次，以督促、确认各项检验检疫要求和规定是否在经营活动中有效落实。如发现违规经营（夹带、瞒报、存放疫区产品，擅自销售调运、开拆、损毁检验检疫封识、标志，伪造、变卖各种单证等），注销其报批与报检资格。

2. 指定的注册存贮冷库必须在由各直属局依照《进出境肉类产品检验检疫管理办法》（26号令）和国家认证认可监督管理委员会有关注册管理办法的规定进行注册、考核和审定，并报国家认证认可监督管理委员会批准后予以公布的注册冷库中选用。未经注册的存放冷库不得存放进出境肉类产品。

3. 进境肉类的指定加工使用单位备案工作由各直属局按照《进境肉类产品加工使用单位检验检疫要求》组织考核。加工、存放和加工工艺符合检疫防疫要求的由直属局向质检总局推荐，由总局审核后予以公布。

（二）进境肉类产品必须按《进境动植物检疫许可证》指定的口岸入境，按规定报检后就近进入指定的注册冷库或加工单位的存储冷库检验检疫，合格后方可出具《入境货物检验检疫证明》，允许加工、销售和使用。

需调运至异地检验检疫的，须经入境口岸检验检疫机构加施封识，对运输、装卸过程采取必要的防疫措施，与指运地检验检疫机构取得联系，监督进入指运地的指定注册冷库或加工单位冷库存放。货物到达指运地后由所在地检验检疫机构向入境口岸机构出具回执单并依法施检。

未经口岸或指运地检验检疫机构依法施检并出具《入境货物检验检疫证明》的，不得调出指定注册存放冷库。

入境口岸和指运地检验检疫机构应及时沟通有关进境肉类的信息，按职责分工协调做好相关检验检疫和监管工作。

三、检疫审批

（一）质检总局根据与输出国或地区签定的双边检疫协定（包括检疫协议、议定书、备忘录等）的规定、国外生产厂家注册情况、输出国家或地区的动物疫情情况，经风险分析，制订《允许进口肉类产品的国家或地区以及相应的品种和用途名单》，在质检总局网站公布并及时更新。

（二）各直属局根据《进境动植物检疫审批管理办法》（25号令）和上款名单的规定进行初审。

1. 申请单位应取得所在地直属局的资格认定。

2. 申请单位为质检总局批准的指定的注册存放冷库或加工单位的,可直接向所在地直属检验检疫机构提出申请。

3. 申请单位非质检总局批准的指定的注册存放冷库或加工单位的,申请时需随附经所在地检验检疫机构确认的与指定的注册存放冷库和加工单位签订的存储协议或加工合同。

4. 当进口肉类产品的入境口岸与指运地分属不同直属局辖区时,初审工作由入境口岸和指运地直属局共同完成。

(三)总局根据各直属局的初审意见,负责检疫审批的终审工作。

申请进口来自非疫区,但不在第三条第一款名单内的肉类产品,视作特殊物品进口。质检总局根据直属局提交的初审报告,经风险分析后,经司领导签署意见后核发《进境动植物检疫许可证》。经特殊审批获准进口的肉类产品只限用于来料加工后复出口和进口单位自用,加工和自用剩余品按规定进行检疫处理。

四、中转进口预检

经香港中转进口的肉类产品,货主或其代理人须向经质检总局授权的中检香港公司申请中转预检。中检香港公司要严格按照总局的要求,预检后施加新的封识并出具证书,入境口岸检验检疫机构凭中检香港公司的证书接受报检,相互做好衔接和配合工作。

五、入境口岸查验

(一)检验检疫机构在接受进口肉类产品报检时,应审核货主或其代理人所提交单证的有效性,审核许可证的申请单位与输出国官方出具检疫证书上的收货人、贸易合同的签约方是否一致,核对货主提供的《进境动植物检疫许可证》第一联与检验检疫机构留档的第二联是否相符,如实核销进口数量。

经香港中转的肉类产品,必须加验香港中检公司签发的检验证书正本。没有香港中检公司的检验证书正本,不得受理报检。

(二)检验检疫机构须按规定对进境肉类产品实施口岸查验和防疫消毒处理,确保进境肉类产品符合"三原"(原柜、原封识、原证书)。现场应查验有关单证,检查集装箱封识是否完好。开柜后注意查看货物的堆放是否整齐,是否有被搬动过的迹象以及是否有其他不合理堆放的情形。核对货柜的柜号、封识号、货物的品名、数(重)量、产地、生产日期、生产厂家名称或代号、包装规格、唛头、输出国检疫印章及检疫证书号等是否与单证相符,所注的输往目的地是否与实际相符,有无超出保质期,有无"不适合人类食用"的表述等。符合要求的对集装箱加施检疫封识,调入指定存放冷库或加工单位进行检验检疫。

六、检验检疫和出证

(一)口岸查验合格的,卸入指定的注册存放冷库或加工单位冷库,按照26号令以及相关文件规定要求,在卸货过程中检查有无夹带、更换包装、拼箱、瞒报、漏报等,并做好记录存档备查。

1. 包装检验。

外包装必须清洁、坚固、干燥、无霉、无异味,外包装上须有明显的中英文标识,标明品名、规格、产地、生产日期、保质期、储存温度、工厂注册号和目的地等内容,目的地必须注明为中华人民共和国,封口处应当加施一次性检验检疫标识;使用的包装材料必须无毒、无害,符合食品用包装材料的卫生要求,纸箱不得使用铁钉和铁卡。内包装使用无毒、无害的全新材料,并标明品名、注册厂号等。

2. 运输工具检验。

运输工具必须清洁卫生,无异味,控温设备设施运作正常,温度记录无异常。

3. 感官检验。

按规定随机抽取数件打开包装检查货物是否腐败变质,是否有毛污、血污、粪污。有无出现淤血、淤血面积大小及其所占抽样的比例。有无出血、炎症、脓肿、水疱结痂、结节性病灶等疾病的病变。有无硬杆毛,每10公斤产品中的硬杆毛数量是否超出规定要求。是否夹带有禁止进境物,是否有其他动物尸体、寄生虫、生活害虫、异物及其他异常情况。

4. 规格检验。

检验品种规格是否与合同、信用证等单证或标准相符、包装外标记是否与内容物一致。

5. 须实验室检测的,按规定抽样送检。

经口岸查验、感官检验和实验室检测合格的,由签证兽医审核相关工作程序和记录无误后,签署《入境货物检验检疫证明》。必要时签证兽医可以要求复检。

(二) 指运地检验检疫机构要对调运到本辖区定点加工单位的肉类产品进行核查和检验检疫,确认调运货物入库后方可向入境口岸检验检疫机构反馈回执。如发现未按要求调运到指定地的,应立即与入境口岸检验检疫机构取得联系并采取风险预警措施。对拒不调运至指运地的,注销其报批和报检资格,罚没保证金并依法从重从严惩处,有关情况及时上报总局。

(三) 除质检总局令、公告、风险警示通报和文件规定外,其他不合格情况可作如下处理:

1. 截获疫区产品和一、二类动物疫病病原、有毒有害物质残留超标的,作退回或销毁处理。

2. 感官检验不合格和一般微生物指标超标的,在检验检疫机关的监督下,作熟制加工、辐照等无害化处理。

3. 检出致病菌的，作退回、销毁或无害化处理。

4. 按本规定第五条和第六条第一款要求检验检疫不合格的，作退回或销毁处理。

七、后续监管

（一）各直属局对辖区内认定资格的进境肉类经营单位、指定的注册存放冷库和加工单位实施年审制度。年审时应对其年度进口经营、存放和加工情况进行考核评估并出具考核报告，符合要求的保留认定资格，上报质检总局予以公布。

（二）检验检疫机构应监督进境肉类指定的注册存放冷库和加工单位按要求如实填写监管手册，建立必要的档案记录备查；对产品出入库数量进行核销，确保按限定的用途使用；监督指定加工单位的生产过程，确保加工废弃物的处理符合兽医卫生防疫和环保要求。

凡以进（来）料加工方式的进境肉类产品，须经检验检疫合格，取得《入境货物检验检疫证明》后方准依照《进境动植物检疫许可证》限定的方式加工和使用。

（三）质量技术监督部门应加强对肉类生产、加工、仓储环节的监管，严防疫区产品进入流通领域。

八、附则

（一）进口经营单位夹带、瞒报，非法输入肉类产品的，注销其报批和报检资格并按照商检法第三十五条和进出境动植物检疫法实施条例第五十九条予以处罚。

（二）进口经营单位违反规定，擅自调运进境肉类产品，擅自开拆、损毁检验检疫封识、标志的，注销其报批和报检资格，并按照商检法第三十三条和进出境动植物检疫法实施条例第六十条予以处罚。

（三）伪造、变造检验检疫证单、印章、标识、封识的，按照商检法第三十六条和进出境动植物检疫法实施条例第六十二条予以处罚。

（四）进境肉类产品进口单位、指定的注册存放冷库和加工单位违规经营、存放疫区产品或不按规定用途、方式进行加工，注销其指定存放和加工的资格，并按食品卫生法第四十二条和进出境动植物检疫法第五十九条予以处罚。

（五）检验检疫机构工作人员违反法律法规及本规定，滥用职权、徇私舞弊、失职渎职、玩忽职守、伪造检验检疫结果、延误出证的，故意刁难服务对象的，由其所在单位或上级机构按商检法第三十八条、进出境动植物检疫法第四十五条和食品卫生法第五十二条查处。

（六）本规定由质检总局负责解释。

（七）本规定自 2004 年 11 月 1 日起施行，凡此前发布的文件与本规定相抵触的，以本规定为准。

出口禽肉及其制品检验检疫要求（试行）

国质检食〔2003〕212号

一、总体要求

（一）各地出入境检验检疫机构（以下简称各检验检疫机构），负责辖区内出口禽肉疫病和农兽药残留监控工作，对出口加工注册企业的肉禽饲养、疫病控制、药物使用、屠宰加工实施监督检查，以保证出口禽肉的安全卫生质量。

各检验检疫机构必须明确本单位内各有关出口禽肉检验检疫部门的职责，明确分工，实行责任制管理，保证各部门既能各负其责又能协调配合。

（二）各检验检疫机构应当在出口禽肉业务集中的地区建立与出口量相适应的检验检疫实验室（相应的实验设备和专业技术人员），保证出口前实验室检验检疫项目按时完成。

（三）各检验检疫机构应与当地农牧兽医部门建立协调配合机制，了解和掌握屠宰动物来源地的动物疫情及疫苗、兽药、农药和饲料等的使用情况，确认出口地区的疫情状况及农、兽药使用情况符合要求，不能确认满足要求的，不得出口。

（四）各直属检验检疫局对辖区内出口加工企业的供货饲养场实行备案管理制度。备案饲养场必须符合《出口备案饲养场基本兽医卫生要求（试行）》。各检验检疫机构要不定期对备案饲养场进行监督检查，每批肉禽饲养周期内至少检查一次，以督促、确认各项检验检疫的要求和规定在养殖环节均得到有效落实。并开展出栏前的疫情、健康卫生状况、用药情况及兽医监管情况的调查和评估,符合条件的方准用于屠宰加工。

(五)出口加工注册企业对备案饲养场实行"五统一"管理方式(即统一供应禽苗、统一防疫消毒、统一供应饲料、统一供应药物、统一屠宰加工),出口加工注册企业要与家禽饲养场签订饲养合同,明确饲养场应达到的要求。

二、饲养场的监督管理

(一)出口加工注册企业必须对备案饲养场拥有管理权,备案饲养场必须接受出口加工注册企业的管理。

(二)出口加工注册企业的每个备案饲养场必须配备专职兽医人员,设立兽医工作室。专职兽医负责备案饲养场的免疫、防疫、疫病控制和用药管理,监督指导备案饲养场的各项活动。备案饲养场必须接受出口加工注册企业派出的专职兽医对饲养全过程的疫病控制、用药指导和动物保健的管理,并有完善的纪录。专职兽医有权对饲养期内的异常情况及时提出处理意见,并应在第一时间向所在地的检验检疫机构报告。专职兽医必须由检验检疫机构培训合格后,持证上岗。

出口加工注册企业应完善兽医管理体系,设立不同层次的兽医责任制,加强对各级兽医的指导、监督。

(三)饲养场在每一批肉禽进场后须实行封闭式管理,在一个饲养周期内饲养人员不得出场,除检验检疫人员、畜牧兽医人员外,其他人员不得进入禽舍。饲养人员要有专用的舍外更衣室及休息间。

(四)在同一饲养场内不得同时饲养不同品种禽类及其他动物(护卫犬除外)。

(五)饲养场不得从场外购入包括兽药、垫料等可能影响肉禽生长条件的任何物质。

（六）出口加工注册企业饲养场须向检验检疫机构申请备案登记，并向检验检疫机构提供备案所需的资料。

（七）在过去 6 个月内，饲养场及其周围半径 50 公里范围内未发生禽流感、过去 3 个月内周围 10 公里范围内未发生新城疫及其他烈性传染病（进口国或地区另有要求的除外）。

（八）饲养场的日常管理：

1. 建立规范的饲养日志，饲养日志记录的内容包括饲养过程中的疫苗、饲料、饲料添加剂、兽药、药物停药期、病死禽处理等情况。饲养日志必须每日如实详细填写，不得补记，专职兽医对饲养日志进行监督检查并签字。

2. 具有健全的家禽卫生防疫制度，建立完善的专职兽医工作记录（每天的健康状况观察记录、病死禽隔离、剖解、送检记录、处理意见、送检结果报告单和最后诊断结果、处理措施）和饲养管理制度及管理手册。

3. 饲料及饲料添加剂等须由出口加工注册企业统一供应，须符合国家质检总局关于食用动物饲料的规定，不含任何违禁药物。

4. 每批禽出栏后，出口加工注册企业对饲养场内的饲料、兽药、消毒药等应统一登记数量、进行封存并统一消毒；下一批禽进场时应核对有无来源不明的饲料、兽药和消毒液等。

5. 饲养场必须接受检验检疫机构定期进行的疫病监测及残留物质监控。配合检验检疫机构做好出栏前的疫情、用药情况的检测、调查和评估。

6. 用药管理：用药采用兽医处方制度，不使用禁用药物、疫苗、兴奋剂和激素等，宰前 14 天不得使用任何药物，宰前 30 天不得使用新城疫活疫苗，严禁使用禽流感疫苗。饲养的全过程必须符合国家质检总局《出口禽肉产品兽药残留控制指南》的有关规定，不得擅自使用任何药物。

（九）饲养方式：

1. 应根据当地实际情况和饲养场条件采用适当的饲养方式，达到既有利于肉禽生长、又能有效防止球虫病、沙门氏菌病及其他细菌病、霉菌病及禽类疫病的目的。

2. 严格空舍时间，每批家禽出栏后空舍时间不得少于 15 天，并要做到同一饲养场内所有禽舍全进全出，出栏后和进新一批禽苗前要彻底清洗、消毒棚舍（棚顶、地面、墙壁）及周围环境，整个空舍期间要进行 3 次以上防疫消毒处理，消毒药品及使用方法由所在地检验检疫机构认可。

3. 备案饲养场饲养量应在 5000 只以上。符合其他备案条件而饲养量暂达不到 5000 只的饲养场，其生产的肉禽原则上只能用于加工熟制禽肉出口；申请用于生产冰鲜、冷冻禽肉出口，需经直属检验检疫局严格考核同意后方准出口。

三、出口加工注册企业的监督管理

（一）各检验检疫机构对出口禽肉加工注册企业实施官方兽医驻厂监督制度。对加工全过程实施检验检疫监督管理。

（二）出口加工注册企业在屠宰加工出口禽肉前须向当地检验检疫机构申报，经检验检疫机构同意并派出驻厂兽医后方可开始屠宰加工。驻厂兽医应做好宰前宰后检验检疫、卫生标志的加贴及产品的加工存放等检验检疫监督管理工作。确保加工厂的生产条件及其生产的产品符合输入国家或地区的卫生要求，并做好监督检查记录。非经驻厂兽医监督之下生产的禽肉，不得出口。

（三）严格执行专厂专号专用制度，不同注册编号的企业或加工车间生产的产品必须严格区分，不得混放、混用，严禁非注册企业生产的禽肉以注册企业名义出口。检验检疫机构对注册企业实施动态管理，违反规定的，取消其出口资格，直至吊销注册登记。

（四）各直属检验检疫局每年对加工注册企业实验室的工作质量进行不定期考核和评估（在正常生产状态下每年至少一次）。

（五）各检验检疫机构要指导和监督出口加工注册企业切实保证自身的卫生质量控制体系的有效运行，保证不合格产品不出厂。同时要加强人员和环境卫生管理，防止人为因素造成产品的有毒有害污染。要求企业做好各项记录和标记，确保产品的可追溯性。

（六）禽肉出口加工注册企业从国外进口原料用于加工复出口的，应要求其提供相关进口原料的《入境货物检验检疫证明》且货证相符，并按复出口输入国的要求对国外原料进行病原、残留检测。

（七）各检验检疫机构要全面掌握出口加工注册企业产品进出库情况，并通过审核企业进出库和监装记录、核对库存等方式对加工企业出口产品监装管理制度的有效实施情况进行严格的监督管理。

（八）生产加工熟制禽肉产品出口的，其原料应来自于出口加工注册企业，并经检验检疫机构检验检疫合格；熟制加工所用的调品料应符合进口国的要求。

四、检验检疫管理

（一）各检验检疫机构要加强对专业技术人员的配备和管理，非相应专业人员不得从事肉禽加工企业的生产监督管理工作和鉴证工作。所有专业人员上岗前，必须由直属检验检疫局职能部门组织进行专业培训并考核合格，实施岗位责任制和责任追究制管理。

各检验检疫机构要做好饲养场及加工注册企业兽医人员的培训考核工作和饲养场的考核备案工作。

（二）各检验检疫机构要全面贯彻落实国家质检总局和进口国

(地区)关于肉禽检验检疫的有关规定和相关卫生要求,采取有效措施,确保出口禽肉合格。

(三)各检验检疫机构要做好所有供屠宰禽的禽流感和新城疫的检疫和监测(对饲养场的疫情调查、抽样检测、宰前观察、宰后检验等),检疫程序。

凡检出高致病性禽流感或高、中毒力新城疫病毒的,各直属出入境检验检疫局在 24 小时内向国家质检总局进出口食品安全局和国家认监委注册管理部上报,检出疫情的备案饲养场和出口加工注册企业,自问题发现之日起,其周围半径 50 公里范围内的所有活禽不得用于出口加工。

凡违规用药用料或被官方检出有毒有害物质的,有关出口加工注册企业、备案饲养场应暂停出口。

凡出现上述问题的,各检验检疫机构应督促有关出口加工注册企业立即召回已经发出的尚未通关的同类产品。

出口备案饲养场基本兽医卫生要求（试行）

国质检食〔2003〕212号

1. 必须是由出口加工注册企业直接管理下，并达到"五统一"（即由出口肉禽生产加工注册企业统一供应禽苗、统一防疫消毒、统一供应饲料、统一供应药物、统一屠宰加工）要求的饲养场。

2. 出口肉禽饲养场周围1000米范围内不得有种禽、蛋禽饲养场、集贸市场、家禽屠宰场；并有与外界隔离的设施。

3. 场区大门口设有隔离、消毒设施；人员专用通道设有消毒液喷淋装置和鞋底消毒池，饲料、疫苗、兽药、垫料等的运输通道应与垃圾处理运输通道、粪污道严格分开。

4. 场区卫生整洁，布局合理；饲养区和办公生活区严格分开。饲养区设有饲养员居住室，饲料存放室和病禽隔离饲养区、兽医工作室等。

5. 进出饲养区应分别设有车辆消毒液喷淋装置、车轮消毒池和人员更衣、消毒通道；每栋禽舍门口设有消毒池或消毒垫。消毒设施、消毒液必须保证其有效性。

6. 设有防鸟防鼠设施；不得饲养其他禽类动物。

7. 水源充足、卫生，保证肉禽饮用水符合国家饮用水卫生标准。

8. 具备与生产能力相适应的粪便、污水集中处理设施。

9. 能按照有关法律法规要求有效实施卫生防疫管理制度（日常卫生管理、消毒程序、免疫程序、人员和车辆进出控制、病死禽处理、粪便垫料处理、疫情报告等）、饲养用药管理制度（饲料、水和药物使用），同时做好饲料、免疫、用药、消毒、人员及车辆进出、死亡和淘汰等情况的有关记录。

10. 配备至少 1 名兽医专业毕业（中专以上）的技术人员负责肉禽的饲养、卫生防疫管理，并需具备经检验检疫机构有效培训的资格，持证上岗。

11. 与肉禽饲养有关的人员每年应进行一次健康检查，取得健康证（参照食品加工人员后方可上岗工作）。

出境水生动物检验检疫监督管理办法

国家质量监督检验检疫总局令

第 99 号

《出境水生动物检验检疫监督管理办法》已经 2007 年 7 月 24 日国家质量监督检验检疫总局局务会议审议通过，现予公布，自 2007 年 10 月 1 日起施行。

国家质量监督检验检疫总局局长
二〇〇七年八月二十七日

第一章 总 则

第一条 为了规范出境水生动物检验检疫工作，提高出境水生动物安全卫生质量，根据《中华人民共和国进出境动植物检疫法》及其实施条例、《中华人民共和国进出口商品检验法》及其实施条例、《中华人民共和国食品卫生法》、《中华人民共和国农产品质量安全法》、《国务院关于加强食品等产品安全监督管理的特别规定》等法律法规规定，制定本办法。

第二条 本办法适用于对养殖和野生捕捞出境水生动物的检验检疫和监督管理。从事出境水生动物养殖、捕捞、中转、包装、运输、贸易应当遵守本办法。

第三条 国家质量监督检验检疫总局（以下简称国家质检总局）主管全国出境水生动物的检验检疫和监督管理工作。

国家质检总局设在各地的出入境检验检疫机构（以下简称检验

检疫机构）负责所辖区域出境水生动物的检验检疫和监督管理工作。

第四条 国家质检总局对出境水生动物养殖场、中转场实施注册登记制度。

第二章 注册登记

第一节 注册登记条件

第五条 出境水生动物养殖场、中转场申请注册登记应当符合下列条件：

（一）周边和场内卫生环境良好，无工业、生活垃圾等污染源和水产品加工厂，场区布局合理，分区科学，有明确的标识；

（二）养殖用水符合国家渔业水质标准，具有政府主管部门或者检验检疫机构出具的有效水质监测或者检测报告；

（三）具有符合检验检疫要求的养殖、包装、防疫、饲料和药物存放等设施、设备和材料；

（四）具有符合检验检疫要求的养殖、包装、防疫、饲料和药物存放及使用、废弃物和废水处理、人员管理、引进水生动物等专项管理制度；

（五）配备有养殖、防疫方面的专业技术人员，有从业人员培训计划，从业人员持有健康证明；

（六）中转场的场区面积、中转能力应当与出口数量相适应。

第六条 出境食用水生动物非开放性水域养殖场、中转场申请注册登记除符合本办法第五条规定的条件外，还应当符合下列条件：

（一）具有与外部环境隔离或者限制无关人员和动物自由进出的设施，如隔离墙、网、栅栏等；

（二）养殖场养殖水面应当具备一定规模，一般水泥池养殖面积不少于20亩，土池养殖面积不少于100亩；

（三）养殖场具有独立的引进水生动物的隔离池；各养殖池具有独立的进水和排水渠道；养殖场的进水和排水渠道分设。

第七条　出境食用水生动物开放性水域养殖场、中转场申请注册登记除符合本办法第五条规定的条件外，还应当符合下列条件：

（一）养殖、中转、包装区域无规定的水生动物疫病；

（二）养殖场养殖水域面积不少于500亩，网箱养殖的网箱数一般不少于20个。

第八条　出境观赏用和种用水生动物养殖场、中转场申请注册登记除符合本办法第五条规定的条件外，还应当符合下列条件：

（一）场区位于水生动物疫病的非疫区，过去2年内没有发生国际动物卫生组织（OIE）规定应当通报和农业部规定应当上报的水生动物疾病；

（二）养殖场具有独立的引进水生动物的隔离池和水生动物出口前的隔离养殖池，各养殖池具有独立的进水和排水渠道。养殖场的进水和排水渠道分设；

（三）具有与外部环境隔离或者限制无关人员和动物自由进出的设施，如隔离墙、网、栅栏等；

（四）养殖场面积水泥池养殖面积不少于20亩，土池养殖面积不少于100亩；

（五）出口淡水水生动物的包装用水必须符合饮用水标准；出口海水水生动物的包装用水必须清洁、透明并经有效消毒处理；

（六）养殖场有自繁自养能力，并有与养殖规模相适应的种用水生动物；

（七）不得养殖食用水生动物。

第二节　注册登记申请

第九条　出境水生动物养殖场、中转场应当向所在地直属检验检疫局申请注册登记，并提交下列材料（一式3份）：

（一）注册登记申请表；

（二）工商营业执照（复印件）；

（三）养殖许可证或者海域使用证（不适用于中转场）；

（四）场区平面示意图及彩色照片（包括场区全貌、场区大门、养殖池及其编号、药品库、饲料库、包装场所等）；

（五）水生动物卫生防疫和疫情报告制度；

（六）从场外引进水生动物的管理制度；

（七）养殖、药物使用、饲料使用、包装物料管理制度；

（八）经检验检疫机构确认的水质检测报告；

（九）专业人员资质证明；

（十）废弃物、废水处理程序；

（十一）进口国家或者地区对水生动物疾病有明确检测要求的，需提供有关检测报告。

第十条　直属检验检疫局应当对申请材料及时进行审查，根据下列情况在5日内作出受理或者不予受理决定，并书面通知申请人：

（一）申请材料存在可以当场更正的错误的，允许申请人当场更正；

（二）申请材料不齐全或者不符合法定形式的，应当当场或者在5日内一次书面告知申请人需要补正的全部内容，逾期不告知的，自收到申请材料之日起即为受理；

（三）申请材料齐全、符合法定形式或者申请人按照要求提交全部补正申请材料的，应当受理申请。

第十一条 每一注册登记养殖场或者中转包装场使用一个注册登记编号。

同一企业所有的不同地点的养殖场或者中转场应当分别申请注册登记。

第三节 注册登记审查与决定

第十二条 直属检验检疫局应当在受理申请后5日内组成评审组，对申请注册登记的养殖场或者中转场进行现场评审。

第十三条 评审组应当在现场评审结束后5日内向直属检验检疫局提交评审报告。

第十四条 直属检验检疫局收到评审报告后，应当在10日内分别做出下列决定：

（一）经评审合格的，予以注册登记，颁发《出境水生动物养殖场/中转场检验检疫注册登记证》（以下简称《注册登记证》），并上报国家质检总局；

（二）经评审不合格的，出具《出境水生动物养殖场/中转场检验检疫注册登记未获批准通知书》。

第十五条 进口国家或者地区有注册登记要求的，直属检验检疫局评审合格后，报国家质检总局，由国家质检总局统一向进口国家或者地区政府主管部门推荐并办理有关手续。进口国家或者地区政府主管部门确认后，注册登记生效。

第十六条 《注册登记证》自颁发之日起生效，有效期5年。经注册登记的养殖场或者中转场的注册登记编号专场专用。

第四节 注册登记变更与延续

第十七条 出境水生动物养殖场、中转场变更企业名称、法定代表人、养殖品种、养殖能力等的，应当在 30 日内向所在地直属检验检疫局提出书面申请，填写《出境水生动物养殖场/中转包装场检验检疫注册登记申请表》，并提交与变更内容相关的资料（一式 3 份）。

变更养殖品种或者养殖能力的，由直属检验检疫局审核有关资料并组织现场评审，评审合格后，办理变更手续。

养殖场或者中转场迁址的，应当重新向检验检疫机构申请办理注册登记手续。

因停产、转产、倒闭等原因不再从事出境水生动物业务的注册登记养殖场、中转场，应当向所在地检验检疫机构办理注销手续。

第十八条 获得注册登记的出境水生动物养殖场、中转包装场需要延续注册登记有效期的，应当在有效期届满 30 日前按照本办法规定提出申请。

第十九条 直属检验检疫局应当在完成注册登记、变更或者注销工作后 30 日内，将辖区内相关信息上报国家质检总局备案。

第三章 检验检疫

第二十条 检验检疫机构按照下列依据对出境水生动物实施检验检疫：

（一）中国法律法规规定的检验检疫要求、强制性标准；

（二）双边检验检疫协议、议定书、备忘录；

（三）进口国家或者地区的检验检疫要求；

（四）贸易合同或者信用证中注明的检验检疫要求。

第二十一条 出境野生捕捞水生动物的货主或者其代理人应当在水生动物出境 3 天前向出境口岸检验检疫机构报检，并提供下列资料：

（一）所在地县级以上渔业主管部门出具的捕捞船舶登记证和捕捞许可证；

（二）捕捞渔船与出口企业的供货协议（含捕捞船只负责人签字）；

（三）检验检疫机构规定的其他材料。

进口国家或者地区对捕捞海域有特定要求的，报检时应当申明捕捞海域。

第二十二条 出境养殖水生动物的货主或者其代理人应当在水生动物出境7天前向注册登记养殖场、中转场所在地检验检疫机构报检，报检时应当提供《注册登记证》（复印件）等单证，并按照检验检疫报检规定提交相关材料。

不能提供《注册登记证》的，检验检疫机构不予受理报检。

第二十三条 除捕捞后直接出口的野生捕捞水生动物外，出境水生动物必须来自注册登记养殖场或者中转场。

注册登记养殖场、中转场应当保证其出境水生动物符合进口国或者地区的标准或者合同要求，并出具《出境水生动物供货证明》。

中转场凭注册登记养殖场出具的《出境水生动物供货证明》接收水生动物。

第二十四条 产地检验检疫机构受理报检后，应当查验注册登记养殖场或者中转场出具的《出境水生动物供货证明》，根据疫病和有毒有害物质监控结果、日常监管记录、企业分类管理等情况，对出境养殖水生动物进行检验检疫。

第二十五条 经检验检疫合格的，检验检疫机构对装载容器或者运输工具加施检验检疫封识，出具《出境货物换证凭单》或者《出境货物通关单》，并按照进口国家或者地区的要求出具《动物卫生证书》。

检验检疫机构根据企业分类管理情况对出口水生动物实施不定期监装。

第二十六条 出境水生动物用水、冰、铺垫和包装材料、装载容器、运输工具、设备应当符合国家有关规定、标准和进口国家或者地区的要求。

第二十七条 出境养殖水生动物外包装或者装载容器上应当标注出口企业全称、注册登记养殖场和中转场名称和注册登记编号、出境水生动物的品名、数（重）量、规格等内容。来自不同注册登记养殖场的水生动物，应当分开包装。

第二十八条 经检验检疫合格的出境水生动物，不更换原包装异地出口的，经离境口岸检验检疫机构现场查验，货证相符、封识完好的准予放行；

需在离境口岸换水、加冰、充氧、接驳更换运输工具的，应当在离境口岸检验检疫机构监督下，在检验检疫机构指定的场所进行，并在加施封识后准予放行；

出境水生动物运输途中需换水、加冰、充氧的，应当在检验检疫机构指定的场所进行。

第二十九条 产地检验检疫机构与口岸检验检疫机构应当及时交流出境水生动物信息，对在检验检疫过程中发现疫病或者其他卫生安全问题，应当采取相应措施，并及时上报国家质检总局。

第四章 监督管理

第三十条 检验检疫机构对辖区内取得注册登记的出境水生动物养殖场、中转场实行日常监督管理和年度审查制度。

第三十一条 国家质检总局负责制定出境水生动物疫病和有毒有害物质监控计划。

直属检验检疫局根据监控计划制定实施方案,上报年度监控报告。

取得注册登记的出境水生动物养殖场、中转场应当建立自检自控体系,并对其出口水生动物的安全卫生质量负责。

第三十二条　取得注册登记的出境水生动物养殖场、中转场应当建立完善的养殖生产和中转包装记录档案,如实填写《出境水生动物养殖场/中转场检验检疫监管手册》,详细记录生产过程中水质监测、水生动物的引进、疫病发生、药物和饲料的采购及使用情况,以及每批水生动物的投苗、转池/塘、网箱分流、用药、用料、出场等情况,并存档备查。

第三十三条　养殖、捕捞器具等应当定期消毒。运载水生动物的容器、用水、运输工具应当保持清洁,并符合动物防疫要求。

第三十四条　取得注册登记的出境水生动物养殖场、中转场应当遵守国家有关药物管理规定,不得存放、使用我国和进口国家或者地区禁止使用的药物;对允许使用的药物,遵守药物使用和停药期的规定。

中转、包装、运输期间,食用水生动物不得饲喂和用药,使用的消毒药物应当符合国家有关规定。

第三十五条　出境食用水生动物饲用饲料应当符合下列规定:

(一)国家质检总局《出境食用动物饲用饲料检验检疫管理办法》;

(二)进口国家或者地区的要求;

(三)我国其他有关规定。

鲜活饵料不得来自水生动物疫区或者污染水域,且须经检验检疫机构认可的方法进行检疫处理,不得含有我国和进口国家或者地区政府规定禁止使用的药物。

观赏和种用水生动物禁止饲喂同类水生动物（含卵和幼体）鲜活饵料。

第三十六条 取得注册登记的出境水生动物养殖场应当建立引进水生动物的安全评价制度。

引进水生动物应当取得所在地检验检疫机构批准。

引进水生动物应当隔离养殖 30 天以上，根据安全评价结果，对疫病或者相关禁用药物残留进行检测，经检验检疫合格后方可投入正常生产。

引进的食用水生动物，在注册登记养殖场养殖时间需达到该品种水生动物生长周期的三分之一且不少于 2 个月，方可出口。

出境水生动物的中转包装期一般不超过 3 天。

第三十七条 取得注册登记的出境水生动物养殖场、中转场发生国际动物卫生组织（OIE）规定需要通报或者农业部规定需要上报的重大水生动物疫情时，应当立即启动有关应急预案，采取紧急控制和预防措施并按照规定上报。

第三十八条 检验检疫机构对辖区内注册登记的养殖场和中转场实施日常监督管理的内容包括：

（一）环境卫生；

（二）疫病控制；

（三）有毒有害物质自检自控；

（四）引种、投苗、繁殖、生产养殖；

（五）饲料、饵料使用及管理；

（六）药物使用及管理；

（七）给、排水系统及水质；

（八）发病水生动物隔离处理；

（九）死亡水生动物及废弃物无害化处理；

（十）包装物、铺垫材料、生产用具、运输工具、运输用水或者冰的安全卫生；

（十一）《出口水生动物注册登记养殖场/中转场检验检疫监管手册》记录情况。

第三十九条 检验检疫机构每年对辖区内注册登记的养殖场和中转场实施年审，年审合格的在《注册登记证》上加注年审合格记录。

第四十条 检验检疫机构应当给注册登记养殖场、中转场、捕捞、运输和贸易企业建立诚信档案。根据上一年度的疫病和有毒有害物质监控、日常监督、年度审核和检验检疫情况，建立良好记录企业名单和不良记录企业名单，对相关企业实行分类管理。

第四十一条 从事出境水生动物捕捞、中转、包装、养殖、运输和贸易的企业有下列情形之一的，检验检疫机构可以要求其限期整改，必要时可以暂停受理报检：

（一）出境水生动物被国内外检验检疫机构检出疫病、有毒有害物质或者其他安全卫生质量问题的；

（二）未经检验检疫机构同意擅自引进水生动物或者引进种用水生动物未按照规定期限实施隔离养殖的；

（三）未按照本办法规定办理注册登记变更或者注销手续的；

（四）年审中发现不合格项的。

第四十二条 注册登记养殖场、中转场有下列情形之一的，检验检疫机构应当注销其相关注册登记：

（一）注册登记有效期届满，未按照规定办理延续手续的；

（二）企业依法终止或者因停产、转产、倒闭等原因不再从事出境水生动物业务的；

（三）注册登记依法被撤销、撤回或者《注册登记证》被依法吊销的；

（四）年审不合格且在限期内整改不合格的；

（五）一年内没有水生动物出境的；

（六）因不可抗力导致注册登记事项无法实施的；

（七）检验检疫法律、法规规定的应当注销注册登记的其他情形。

第五章　法律责任

第四十三条　从事出境水生动物捕捞、养殖、中转、包装、运输和贸易的企业有下列情形之一的，由检验检疫机构处三万元以下罚款，情节严重的，吊销其注册登记证书：

（一）发生应该上报的疫情隐瞒不报的；

（二）在检验检疫机构指定的场所之外换水、充氧、加冰、改变包装或者接驳更换运输工具的；

（三）人为损毁检验检疫封识的；

（四）存放我国或者进口国家或者地区禁止使用的药物的；

（五）拒不接受检验检疫机构监督管理的。

第四十四条　从事出境水生动物捕捞、养殖、中转、包装、运输和贸易的企业有下列情形之一的，由检验检疫机构按照《国务院关于加强食品等产品安全监督管理的特别规定》予以处罚。

（一）以非注册登记养殖场水生动物冒充注册登记养殖场水生动物的；

（二）以养殖水生动物冒充野生捕捞水生动物的；

（三）提供、使用虚假《出境水生动物供货证明》的；

（四）违法使用饲料、饵料、药物、养殖用水及其他农业投入品的；

（五）有其他逃避检验检疫或者弄虚作假行为的。

第四十五条 检验检疫机构工作人员滥用职权，故意刁难，徇私舞弊，伪造检验结果，或者玩忽职守，延误检验出证，依法给予行政处分；构成犯罪的，依法追究刑事责任。

第六章 附 则

第四十六条 本办法下列用语的含义是：

水生动物：指活的鱼类、软体类、甲壳类及其他在水中生活的无脊椎动物等，包括其繁殖用的精液、卵、受精卵。

养殖场：指水生动物的孵化、育苗、养殖场所。

中转场：指用于水生动物出境前短期集中、存放、分类、加工整理、包装等用途的场所。

第四十七条 出境龟、鳖、蛇、蛙、鳄鱼等两栖和爬行类动物的检验检疫和监督管理参照本办法执行。

第四十八条 本办法由国家质检总局负责解释。

第四十九条 本办法自2007年10月1日起施行。原国家出入境检验检疫局1999年11月24日发布的《出口观赏鱼检疫管理办法》，国家质检总局2001年12月4日发布的《供港澳食用水生动物检验检疫管理办法》自施行之日起废止。

进境水果检验检疫监督管理办法

国家质量监督检验检疫总局令

第 68 号

《进境水果检验检疫监督管理办法》经 2004 年 12 月 24 日国家质量监督检验检疫总局局务会议审议通过，现予公布，自 2005 年 7 月 5 日起施行。

国家质量监督检验检疫总局局长
二〇〇五年一月五日

第一条 为了防止进境水果传带检疫性有害生物和有毒有害物质，保护我国农业生产、生态安全和人体健康，根据《中华人民共和国进出境动植物检疫法》及其实施条例、《中华人民共和国进出口商品检验法》及其实施条例和《中华人民共和国食品卫生法》及其他有关法律法规的规定，制定本办法。

第二条 本办法适用于我国进境新鲜水果（以下简称水果）的检验检疫和监督管理。

第三条 国家质量监督检验检疫总局（以下简称国家质检总局）统一管理全国进境水果检验检疫监督管理工作。

国家质检总局设在各地的出入境检验检疫机构（以下简称检验检疫机构）负责所辖地区进境水果检验检疫监督管理工作。

第四条 禁止携带、邮寄水果进境，法律法规另有规定的除外。

第五条 在签订进境水果贸易合同或协议前，应当按照有关规定向国家质检总局申请办理进境水果检疫审批手续，并取得《中华人民共和国进境动植物检疫许可证》（以下简称《检疫许可证》）。

第六条 《检疫许可证》（正本）、输出国或地区官方检验检疫部门出具的植物检疫证书（以下简称植物检疫证书）（正本），应当在报检时由货主或其代理人向检验检疫机构提供。

第七条 植物检疫证书应当符合以下要求：

（一）植物检疫证书的内容与格式应当符合国际植物检疫措施标准 ISPM 第 12 号《植物检疫证书准则》的要求；

（二）用集装箱运输进境的，植物检疫证书上应注明集装箱号码；

（三）已与我国签订协定（含协议、议定书、备忘录等，下同）的，还应符合相关协定中有关植物检疫证书的要求。

第八条 检验检疫机构根据以下规定对进境水果实施检验检疫：

（一）中国有关检验检疫的法律法规、标准及相关规定；

（二）中国政府与输出国或地区政府签订的双边协定；

（三）国家质检总局与输出国或地区检验检疫部门签订的议定书；

（四）《检疫许可证》列明的有关要求。

第九条 进境水果应当符合以下检验检疫要求：

（一）不得混装或夹带植物检疫证书上未列明的其他水果；

（二）包装箱上须用中文或英文注明水果名称、产地、包装厂名称或代码；

（三）不带有中国禁止进境的检疫性有害生物、土壤及枝、叶等植物残体；

（四）有毒有害物质检出量不得超过中国相关安全卫生标准的规定；

（五）输出国或地区与中国签订有协定或议定书的，还须符合协定或议定书的有关要求。

第十条 检验检疫机构依照相关工作程序和标准对进境水果实施现场检验检疫：

（一）核查货证是否相符；

（二）按第七条和第九条的要求核对植物检疫证书和包装箱上的相关信息及官方检疫标志；

（三）检查水果是否带虫体、病征、枝叶、土壤和病虫为害状；现场检疫发现可疑疫情的，应送实验室检疫鉴定；

（四）根据有关规定和标准抽取样品送实验室检测。

第十一条 检验检疫机构应当按照相关工作程序和标准实施实验室检验检疫。

对在现场或实验室检疫中发现的虫体、病菌、杂草等有害生物进行鉴定，对现场抽取的样品进行有毒有害物质检测，并出具检验检疫结果单。

第十二条 根据检验检疫结果，检验检疫机构对进境水果分别作以下处理：

（一）经检验检疫合格的，签发入境货物检验检疫证明，准予放行；

（二）发现检疫性有害生物或其他有检疫意义的有害生物，须实施除害处理，签发检验检疫处理通知书；经除害处理合格的，准予放行；

（三）不符合本办法第九条所列要求之一的、货证不符的或经检验检疫不合格又无有效除害处理方法的，签发检验检疫处理通知书，在检验检疫机构的监督下作退运或销毁处理。

需对外索赔的，签发相关检验检疫证书。

第十三条　进境水果有下列情形之一的，国家质检总局将视情况暂停该种水果进口或暂停从相关水果产区、果园、包装厂进口：

（一）进境水果果园、加工厂地区或周边地区爆发严重植物疫情的；

（二）经检验检疫发现中方关注的进境检疫性有害生物的；

（三）经检验检疫发现有毒有害物质含量超过中国相关安全卫生标准规定的；

（四）不符合中国有关检验检疫法律法规、双边协定或相关国际标准的。

前款规定的暂停进口的水果需恢复进口的，应当经国家质检总局依照有关规定进行确认。

第十四条　经香港、澳门特别行政区（以下简称港澳地区）中转进境的水果，应当以集装箱运输，按照原箱、原包装和原植物检疫证书（简称"三原"）进境。进境前，应当经国家质检总局认可的港澳地区检验机构对是否属允许进境的水果种类及"三原"进行确认。经确认合格的，经国家质检总局认可的港澳地区检验机构对集装箱加施封识，出具相应的确认证明文件，并注明所加封识号、原证书号、原封识号，同时将确认证明文件及时传送给入境口岸检验检疫机构。对于一批含多个集装箱的，可附有一份植物检疫证书，但应当同时由国家质检总局认可的港澳地区检验机构进行确认。

货主或其代理人报检时应当提交上述港澳地区检验机构出具的确认证明文件（正本），提交的证明文件与港澳检验机构传送的确认信息不符的，不予受理报检。

第十五条　国家质检总局根据工作需要，并商输出国家或地区政府检验检疫机构同意，可以派检验检疫人员到产地进行预检、监装或调查产地疫情和化学品使用情况。

第十六条 未完成检验检疫的进境水果，应当存放在检验检疫机构指定的场所，不得擅自移动、销售、使用。

进境水果存放场所由所在地检验检疫机构依法实施监督管理，并应符合以下条件：

（一）有足够的独立存放空间；

（二）具备保质、保鲜的必要设施；

（三）符合检疫、防疫要求；

（四）具备除害处理条件。

第十七条 因科研、赠送、展览等特殊用途需要进口国家禁止进境水果的，货主或其代理人须事先向国家质检总局或国家质检总局授权的检验检疫机构申请办理特许检疫审批手续；进境时，应向入境口岸检验检疫机构报检，并接受检疫。

对于展览用水果，在展览期间，应当接受检验检疫机构的监督管理，未经检验检疫机构许可，不得擅自调离、销售、使用；展览结束后，应当在检验检疫机构的监督下作退回或销毁处理。

第十八条 违反本办法规定的，检验检疫机构依照《中华人民共和国进出境动植物检疫法》及其实施条例、《中华人民共和国进出口商品检验法》、《中华人民共和国食品卫生法》及相关法律法规的规定予以处罚。

第十九条 本办法由国家质检总局负责解释。

第二十条 本办法自2005年7月5日起施行。原国家出入境检验检疫局1999年12月9日发布的《进境水果检疫管理办法》同时废止。

出境水果检验检疫监督管理办法

国家质量监督检验检疫总局令

第 91 号

《出境水果检验检疫监督管理办法》已经 2006 年 11 月 27 日国家质量监督检验检疫总局局务会议审议通过，现予公布，自 2007 年 2 月 1 日起施行。

国家质量监督检验检疫总局局长
二〇〇六年十二月二十五日

第一章 总 则

第一条 为规范出境水果检验检疫和监督管理工作，提高出境水果质量和安全，根据《中华人民共和国进出境动植物检疫法》及其实施条例、《中华人民共和国进出口商品检验法》及其实施条例和《中华人民共和国食品卫生法》等有关法律法规规定，制定本办法。

第二条 本办法适用于我国出境新鲜水果（含冷冻水果，以下简称水果）的检验检疫与监督管理工作。

第三条 国家质量监督检验检疫总局（以下简称国家质检总局）统一管理全国出境水果检验检疫与监督管理工作。

国家质检总局设在各地的出入境检验检疫机构（以下简称检验检疫机构）负责所辖地区出境水果检验检疫与监督管理工作。

第四条 我国与输入国家或地区签定的双边协议、议定书等明确规定，或者输入国家或地区法律法规要求对输入该国家的水果果园和包装厂实施注册登记的，检验检疫机构应当按照规定对输往该国家或地区的出境水果果园和包装厂实行注册登记。

我国与输入国家或地区签定的双边协议、议定书未有明确规定，且输入国家或地区法律法规未明确要求的，出境水果果园、包装厂可以向检验检疫机构申请注册登记。

第二章 注册登记

第五条 申请注册登记的出境水果果园应当具备以下条件：

（一）连片种植，面积在 100 亩以上；

（二）周围无影响水果生产的污染源；

（三）有专职或者兼职植保员，负责果园有害生物监测防治等工作；

（四）建立完善的质量管理体系。质量管理体系文件包括组织机构、人员培训、有害生物监测与控制、农用化学品使用管理、良好农业操作规范等有关资料；

（五）近两年未发生重大植物疫情；

（六）双边协议、议定书或输入国家或地区法律法规对注册登记有特别规定的，还须符合其规定。

第六条 申请注册登记的出境水果包装厂应当具备以下条件：

（一）厂区整洁卫生，有满足水果贮存要求的原料场、成品库；

（二）水果存放、加工、处理、储藏等功能区相对独立、布局合理，且与生活区采取隔离措施并有适当的距离；

（三）具有符合检疫要求的清洗、加工、防虫防病及除害处理设施；

（四）加工水果所使用的水源及使用的农用化学品均须符合有

关食品卫生要求及输入国家或地区的要求；

（五）有完善的卫生质量管理体系，包括对水果供货、加工、包装、储运等环节的管理；对水果溯源信息、防疫监控措施、有害生物及有毒有害物质检测等信息有详细记录；

（六）配备专职或者兼职植保员，负责原料水果验收、加工、包装、存放等环节防疫措施的落实、有毒有害物质的控制、弃果处理和成品水果自检等工作；

（七）有与其加工能力相适应的提供水果货源的果园，或与供货果园建有固定的供货关系；

（八）双边协议、议定书或输入国家或地区法律法规对注册登记有特别规定的，还须符合其规定。

第七条 申请注册登记的果园，应当向所在地检验检疫机构提出书面申请，并提交以下材料（一式两份）：

（一）《出境水果果园注册登记申请表》；

（二）合法经营、管理果园的有效证明文件（果园土地承包、租赁或者使用的有效证明等）以及果园示意图、平面图；

（三）果园质量管理体系文件；

（四）植保员有关资格证明或者相应技术学历证书复印件。

第八条 申请注册登记的包装厂，应当向所在地检验检疫机构提出书面申请，并提交以下材料（一式两份）：

（一）《出境水果包装厂注册登记申请表》；

（二）营业执照复印件；

（三）包装厂厂区平面图，包装厂工艺流程及简要说明；

（四）提供水果货源的果园名单及包装厂与果园签订的有关水果生产、收购合约复印件；

（五）包装厂卫生质量管理体系文件。

第九条 检验检疫机构按照规定对申请材料进行审核,确定材料是否齐全、是否符合有关规定要求,作出受理或者不受理的决定,并出具书面凭证。提交的材料不齐全或者不规范的,应当当场或者在接到申请后5个工作日内一次告知申请人补正。逾期不告知的,自收到申请材料之日起即为受理。

受理申请后,检验检疫机构应当对申请注册登记的出境水果果园和包装厂提交的申请资料进行审核,并组织专家组进行现场考核。

第十条 检验检疫机构应当自受理申请之日起20个工作日内,作出准予注册登记或者不予注册登记的决定(现场考核时间不计算在内)。

分支检验检疫机构受理的,应当自受理之日起10个工作日内,完成对申请资料的初审工作;初审合格后,提交直属出入境检验检疫局(以下简称直属检验检疫局),直属检验检疫局应当在10个工作日内作出准予注册登记或者不予注册登记的决定。

直属检验检疫局应当将注册登记的果园、包装厂名单报国家质检总局备案。

第十一条 注册登记证书有效期为3年,注册登记证书有效期满前3个月,果园、包装厂应当向所在地检验检疫机构申请换证。

第十二条 注册登记的果园、包装厂出现以下情况之一的,应当向检验检疫机构办理申请变更手续:

(一)果园种植面积扩大;

(二)果园承包者或者负责人、植保员发生变化;

(三)包装厂法人代表或者负责人发生变化;

(四)向包装厂提供水果货源的注册登记果园发生改变;

(五)包装厂加工水果种类改变;

(六)其他较大变更情况。

第十三条 注册登记的果园、包装厂出现以下情况之一的,应当向检验检疫机构重新申请注册登记:

(一)果园位置及种植水果种类发生变化;

(二)包装厂改建、扩建、迁址;

(三)其他重大变更情况。

第十四条 我国与输入国家或地区签定的双边协议、议定书等明确规定,或者输入国家或地区法律法规要求对输入该国家或地区的水果果园和包装厂实施注册登记的,出境水果果园、包装厂应当经国家质检总局集中组织推荐,获得输入国家或地区检验检疫部门认可后,方可向有关国家输出水果。

第三章 监督管理

第十五条 检验检疫机构对所辖地区出境水果果园、包装厂进行有害生物监测、有毒有害物质监控和监督管理。监测结果及监管情况作为出境水果检验检疫分类管理的重要依据。

第十六条 出境水果果园、包装厂应采取有效的有害生物监测、预防和综合管理措施,避免和控制输入国家或地区关注的检疫性有害生物发生。出境水果果园和包装厂应遵守相关法规标准,安全合理使用农用化学品,不得购买、存放和使用我国或输入国家或地区禁止在水果上使用的化学品。

出境水果包装材料应干净卫生、未使用过,并符合有关卫生质量标准。输入国家或地区有特殊要求的,水果包装箱应当按照要求,标明水果种类、产地以及果园、包装厂名称或者代码等相关信息。

第十七条 检验检疫机构对出境水果果园实施监督管理内容包括：

（一）果园周围环境、水果生长状况、管理人员情况；

（二）果园有害生物发生、监测、防治情况及有关记录；

（三）果园农用化学品存放状况、购买、领取及使用记录；

（四）果园水果有毒有害物质检测记录；

（五）双边协议、议定书或输入国家或地区法律法规相关规定的落实情况。

第十八条 检验检疫机构对出境水果包装厂实施监督管理内容包括：

（一）包装厂区环境及卫生状况、生产设施及包装材料的使用情况，管理人员情况；

（二）化学品存放状况、购买、领取及使用记录；

（三）水果的来源、加工、自检、存储、出口等有关记录；

（四）水果有毒有害物质检测控制记录；

（五）冷藏设施使用及防疫卫生情况、温湿度控制记录；

（六）双边协议、议定书或输入国家或地区法律法规相关规定的落实情况。

第十九条 出境果园和包装厂出现下列情况之一的，检验检疫机构应责令其限期整改，并暂停受理报检，直至整改符合要求：

（一）不按规定使用农用化学品的；

（二）周围有环境污染源的；

（三）包装厂的水果来源不明；

（四）包装厂内来源不同的水果混放，没有隔离防疫措施，难以区分；

（五）未按规定在包装上标明有关信息或者加施标识的；

（六）包装厂检疫处理设施出现较大技术问题的；

（七）检验检疫机构检出国外关注的有害生物或有毒有害物质超标的；

（八）输入国家或者地区检出检疫性有害生物或有毒有害物质超标的。

第二十条 检验检疫机构在每年水果采收季节前对注册登记的出境水果果园、包装厂进行年度审核，对年审考核不合格的果园、包装厂限期整改。

第二十一条 已注册登记的出境水果果园、包装厂出现以下情况之一的，取消其注册登记资格：

（一）限期整改不符合要求的；

（二）隐瞒或瞒报质量和安全问题的；

（三）拒不接受检验检疫机构监督管理的；

（四）未按第十三条规定重新申请注册登记的。

第二十二条 出境水果果园、包装厂应建立稳定的供货与协作关系。包装厂应当要求果园加强疫情、有毒有害物质监测与防控工作，确保提供优质安全的水果货源。

注册登记果园对运往所在地检验检疫机构辖区以外的包装厂的出境水果，应当向所在地检验检疫机构申请产地供货证明，注明水果名称、数量及果园名称或注册登记编号等信息。

第四章 出境检验检疫

第二十三条 出境水果应向包装厂所在地检验检疫机构报检，按报检规定提供有关单证。

出境水果来自注册登记果园、包装厂的，报检时还应当提供注册登记证书复印件；来自本辖区以外其他注册果园的，由注册果园所在地检验检疫机构出具水果产地供货证明；来自非注册果园、包装厂的，应在报检单上注明来源果园、包装厂名称、地址等信息。

出境水果来源不清楚的，不予受理报检。

第二十四条 根据输入国家或地区进境水果检验检疫规定和果园、包装厂的注册登记情况，结合日常监督管理，检验检疫机构实施相应的出境检验检疫措施。

第二十五条 检验检疫机构根据下列要求对出境水果实施检验检疫：

（一）我国与输入国家或者地区签订的双边检疫协议（含协定、议定书、备忘录等）；

（二）输入国家或者地区进境水果检验检疫规定或要求；

（三）国际植物检疫措施标准；

（四）我国出境水果检验检疫规定；

（五）贸易合同和信用证等订明的检验检疫要求。

第二十六条 检验检疫机构依照相关工作程序和技术标准实施现场检验检疫和实验室检测：

（一）核查货证是否相符；

（二）植物检疫证书和包装箱的相关信息是否符合输入国或者地区的要求；

（三）检查水果是否带虫体、病症、枝叶、土壤和病虫为害状，发现可疑疫情的，应及时按有关规定和要求将相关样品和病虫体送实验室检疫鉴定。

第二十七条 检验检疫机构对出境水果实施出境检验检疫及日常监督管理。

出境水果经检验检疫合格的，按照有关规定签发检验检疫证书、出境货物通关单或者出境货物换证凭单等有关检验检疫证单，准予出境。未经检验检疫或者检验检疫不合格的，不准出境。

出境水果经检验检疫不合格的，检验检疫机构应向出境水果果园、包装厂反馈有关信息，并协助调查原因，采取改进措施。出境水果果园、包装厂不在本辖区的，实施检验检疫的检验检疫机构应将有关情况及时通知出境水果果园、包装厂所在地检验检疫机构。

第五章 附 则

第二十八条 本办法下列用语含义：

（一）"果园"，是指没有被障碍物（如道路、沟渠和高速公路）隔离开的单一水果的连续种植地。

（二）"包装厂"，是指水果采收后，进行挑选、分级、加工、包装、储藏等一系列操作的固定场所，一般包括初选区、加工包装区、储藏库等。

（三）"冷冻水果"，是指加工后，在-18℃以下储存、运输的水果。

第二十九条 有关单位和个人违反《中华人民共和国进出境动植物检疫法》及其实施条例、《中华人民共和国进出口商品检验法》及其实施条例和《中华人民共和国食品卫生法》的，检验检疫机构将按有关规定予以处罚。

第三十条 有以下情况之一的，检验检疫机构处以3万元以下罚款：

（一）来自注册果园、包装厂的水果混有非注册果园、包装厂水果的；

（二）盗用果园、包装厂注册登记编号的；

（三）伪造或变造产地供货证明的；

（四）经检验检疫合格后的水果被调换的；

（五）其他违反本办法规定导致严重安全、卫生质量事故的。

第三十一条 检验检疫人员徇私舞弊、滥用职权、玩忽职守，违反相关法律法规和本办法规定的，依法给予行政处分；情节严重，构成犯罪的，依法追究刑事责任。

第三十二条 本办法由国家质检总局负责解释。

第三十三条 本办法自 2007 年 2 月 1 日起施行

出入境检验检疫风险预警及快速反应管理规定

国家质量监督检验检疫总局令
第 1 号

《出入境检验检疫风险预警及快速反应管理规定》，已经 2001 年 9 月 5 日国家质量监督检验检疫总局局务会议审议通过，现予公布，自 2001 年 11 月 15 日起施行。

国家质量监督检验检疫总局局长
二〇〇一年九月十七日

第一章 总 则

第一条 为保障人类、动植物的生命健康，维护消费者的合法权益，保护生态环境，促进我国对外贸易的健康发展，根据《中华人民共和国进出口商品检验法》、《中华人民共和国进出境动植物检疫法》、《中华人民共和国食品卫生法》、《中华人民共和国国境卫生检疫法》、《中华人民共和国产品质量法》等有关法律法规的规定，制定本规定。

第二条 本规定适用于对以各种方式出入境（包括过境）的货物、物品的检验检疫风险预警及快速反应管理。

本规定所称"预警"是指为使国家和消费者免受出入境货物、物品中可能存在的风险或潜在危害而采取的一种预防性安全保障措施。

第三条 国家质量监督检验检疫总局（以下简称国家质检总局）统一管理全国出入境检验检疫风险预警及快速反应工作。国家质检总局设立出入境检验检疫风险预警及快速反应工作办公室（以下简称预警办公室），负责风险预警及快速反应的信息管理工作。

第二章 信息收集与风险评估

第四条 国家质检总局根据出入境货物、物品的特点建立固定的信息收集网络，组织收集整理与出入境货物、物品检验检疫风险有关的信息。

第五条 风险信息的收集渠道主要包括：通过检验检疫、监测、市场调查获取的信息，国际组织和国外机构发布的信息，国内外团体、消费者反馈的信息等。

第六条 预警办公室负责组织对收集的信息进行筛选、确认和反馈。

第七条 根据有关规定，并参照国际通行作法，国家质检总局组织对筛选和确认后的信息进行风险评估，确定风险的类型和程度。

第三章 风险预警措施

第八条 根据确定的风险类型和程度，国家质检总局可对出入境的货物、物品采取风险预警措施。

第九条 风险预警措施包括：

（一）向各地出入境检验检疫机构（以下简称检验检疫机构）发布风险警示通报，检验检疫机构对特定出入境货物、物品有针对性地加强检验检疫和监测；

（二）向国内外生产厂商或相关部门发布风险警示通告，提醒其及时采取适当的措施，主动消除或降低出入境货物、物品的风险；

（三）向消费者发布风险警示通告，提醒消费者注意某种出入境货物、物品的风险。

第四章 快速反应措施

第十条 对风险已经明确，或经风险评估后确认有风险的出入境货物、物品，国家质检总局可采取快速反应措施。快速反应措施包括：检验检疫措施、紧急控制措施和警示解除。

第十一条 检验检疫措施包括：

（一）加强对有风险的出入境货物、物品的检验检疫和监督管理；

（二）依法有条件地限制有风险的货物、物品入境、出境或使用；

（三）加强对有风险货物、物品的国内外生产、加工或存放单位的审核，对不符合条件的，依法取消其检验检疫注册登记资格。

第十二条 紧急控制措施包括：

（一）根据出现的险情，在科学依据尚不充分的情况下，参照国际通行作法，对出入境货物、物品可采取临时紧急措施，并积极收集有关信息进行风险评估；

（二）对已经明确存在重大风险的出入境货物、物品，可依法采取紧急措施，禁止其出入境；必要时，封锁有关口岸。

第十三条 对出入境货物、物品风险已不存在或者已降低到适当程度时，国家质检总局发布警示解除公告。

第五章 监督管理

第十四条 国家质检总局对风险预警和快速反应措施实施情况进行定期或不定期的检查。

第十五条 检验检疫机构应当及时向预警办公室反馈执行有关措施的情况和问题。

第六章 附 则

第十六条 不同种类货物、物品的风险预警及快速反应管理实施细则另行制定。

第十七条 本规定由国家质检总局负责解释。

第十八条 本规定自2001年11月15日起施行。

附 录

出入境检验检疫查封、扣押管理规定

国家质量监督检验检疫总局令
第 108 号

《出入境检验检疫查封、扣押管理规定》已经2008年5月30日国家质量监督检验检疫总局局务会议审议通过，现予公布，自2008年10月1日起施行。

国家质量监督检验检疫总局局长
二〇〇八年六月二十五日

第一章 总 则

第一条 为规范出入境检验检疫查封、扣押工作，维护国家利益、社会公共利益和公民、法人、其他组织的合法权益，保证检验检疫机构依法履行职责，依照《中华人民共和国进出口商品检验法》及其实施条例、《中华人民共和国进出境动植物检疫法》及其实施条例、《中华人民共和国食品卫生法》、《国务院关于加强食品等产品安全监督管理的特别规定》的规定，制定本规定。

第二条 本规定所称的查封、扣押是指出入境检验检疫机构依法实施的核查、封存或者留置等行政强制措施。

第三条 国家质量监督检验检疫总局（以下简称国家质检总局）负责全国出入境检验检疫查封、扣押的管理和监督检查工作。

国家质检总局设在各地的出入境检验检疫机构（以下简称检验检疫机构）负责查封、扣押的实施。

第四条 检验检疫机构实施查封、扣押应当适当，以最小损害当事人的权益为原则。

第五条 公民、法人或者其他组织对检验检疫机构实施的查封、扣押，享有陈述权、申辩权；对检验检疫机构实施的查封、扣押不服的，有权依法申请行政复议，或者依法提起行政诉讼；对检验检疫机构违法实施查封、扣押造成损害的，有权依法要求赔偿。

第二章 适用范围和管辖

第六条 有下列情形之一的，检验检疫机构可以实施查封、扣押：

（一）法定检验的进出口商品经书面审查、现场查验、感官检查或者初步检测后有证据证明涉及人身财产安全、健康、环境保护项目不合格的；

（二）非法定检验的进出口商品经抽查检验涉及人身财产安全、健康、环境保护项目不合格的；

（三）不符合法定要求的进出口食品、食用农产品等与人体健康和生命安全有关的产品，违法使用的原料、辅料、添加剂、农业投入品以及用于违法生产的工具、设备；

（四）进出口食品、食用农产品等与人体健康和生命安全有关的产品的生产经营场所存在危害人体健康和生命安全重大隐患的；

（五）在涉及进出口食品、食用农产品等与人体健康和生命安全有关的产品的违法行为中，存在与违法行为有关的合同、票据、账簿以及其他有关资料的。

检验检疫机构认为应当实施查封、扣押，但属于海关监管的或者已被其他行政机关查封、扣押的，检验检疫机构暂不实施查封、扣押，并应当及时书面告知海关或者实施查封、扣押的其他机关予以必要的协助。

第七条　查封、扣押一般由违法行为发生地的检验检疫机构按照属地管辖的原则实施。

检验检疫机构需要异地实施查封、扣押的，应当及时通知异地检验检疫机构，异地检验检疫机构应当予以配合。

两个以上检验检疫机构发生管辖争议的，报请共同的上级机构指定管辖。

第三章　程　序

第八条　实施查封、扣押的程序包括：收集证据材料、报告、审批、决定、送达、实施等。

第九条　实施查封、扣押前，应当做好证据的收集工作，并对收集的证据予以核实。

第十条　查封、扣押的证据材料一般包括：现场记录单、现场笔录、当事人提供的各种单证以及现场抽取的样品、摄录的音像材料、实验室检验记录、工作纪录、检验检疫结果证明和其他证明材料。

第十一条　实施查封、扣押前应当向检验检疫机构负责人书面或者口头报告，并填写《实施查封、扣押审批表》，经检验检疫机构负责人批准后方可实施。案件重大或者需要对数额较大的财物实施查封、扣押的，检验检疫机构负责人应当集体讨论决定。

第十二条 紧急情况下或者不实施查封、扣押可能导致严重后果的，检验检疫机构可以按照合法、及时、适当、简便和不加重当事人负担的原则当场做出查封、扣押决定，并组织实施或者监督实施。

第十三条 当场实施查封、扣押的，检验检疫执法人员应当及时补办相关手续。

第十四条 实施查封、扣押应当制作《查封、扣押决定书》。《查封、扣押决定书》应当载明下列事项：

（一）当事人姓名或者名称、地址；

（二）查封、扣押措施的事实、理由和依据；

（三）查封、扣押物品的名称、数量和期限；

（四）申请行政复议或者提起行政诉讼的途径和期限；

（五）行政机关的名称和印章；

（六）行政执法人员的签名和日期。

第十五条 《检验检疫查封、扣押决定书》应当及时送交当事人签收，由当事人在《送达回证》上签名或者盖章，并注明送达日期。当事人拒绝签名或者盖章的，应当予以注明。

第十六条 实施查封、扣押应当符合下列要求：

（一）由检验检疫机构两名以上行政执法人员实施；

（二）出示执法身份证件；

（三）当场告知当事人实施查封、扣押的理由、依据以及当事人依法享有的权利；

（四）制作现场记录，必要时应当进行现场拍摄。现场记录的内容应当包括：查封、扣押实施的起止时间、实施地点、查封、扣押后的状态等；

（五）制作查封、扣押物品清单。查封、扣押清单一式三份，由当事人、物品保管人和检验检疫机构分别保存；

（六）现场记录和查封、扣押物品清单由当事人和检验检疫行政执法人员签名或者盖章，当事人不在现场或者当事人拒绝签名或者盖章的，应当邀请见证人到场，说明情况，在笔录中予以注明；见证人拒绝签字或盖章的，检验检疫行政执法人员应当在笔录中予以注明；

（七）加贴封条或者采取其他方式明示检验检疫机构已实施查封、扣押。

实施查封、扣押后，需要出具有关检验检疫证书的，应当按规定出具相关证书。

第十七条 检验检疫机构应当在 30 日内依法对查封、扣押的进出口商品或者其他物品（场所），做出处理决定。情况复杂的，经检验检疫机构负责人批准，可以延长时限，期限不超过 30 日。对于保质期较短的商品或者其他物品，应当在 7 日内做出处理决定。涉及行政处罚的，期限遵照相关规定。法律对期限另有规定的除外。

需要进行检验或者技术鉴定的，检验或者技术鉴定的时间不计入查封、扣押期限。检验或者技术鉴定的期间应当明确，并告知当事人。检验或者技术鉴定的费用由检验检疫机构承担。

第十八条 对查封、扣押的进出口商品或者其他物品（场所），检验检疫机构应当妥善保管，不得使用或者损毁；因保管不当造成损失的，应当予以赔偿。但因不可抗力造成的损失除外。

第十九条 对查封的进出口商品或者其他物品（场所），检验检疫机构可以指定当事人负责保管，也可以委托第三人负责保管，当事人或者受委托第三人不得损毁或者转移。因当事人原因造成的损失，由当事人承担赔偿责任；因受委托第三人原因造成的损失，由委托的检验检疫机构和受委托第三人承担连带赔偿责任。

第二十条　对经查实不涉及人身财产安全、健康、环境保护项目不合格的进出口商品和其他不再需要实施查封、扣押的物品（场所），检验检疫机构应当立即解除查封、扣押，并制作《解除查封、扣押决定书》和《解除查封、扣押物品清单》送达当事人。

第二十一条　检验检疫机构在查封、扣押期限内未做出处理决定的，查封、扣押自动解除。被扣押的进出口商品或者其他物品，应当立即退还当事人。

第四章　监　督

第二十二条　实施查封、扣押的检验检疫机构有下列情形之一的，应当及时纠正或者由上级检验检疫机构责令改正：

（一）没有法律、法规依据实施查封、扣押的；

（二）改变法定的查封、扣押方式、对象、范围、条件的；

（三）违反法定程序实施查封、扣押的。

第二十三条　检验检疫机构违反本规定，有下列情形之一的，应当及时纠正并依法给予赔偿，情节严重构成犯罪的，依法追究刑事责任：

（一）违法实施查封、扣押的；

（二）使用或者损毁查封、扣押的财物，给当事人造成损失的；

（三）对依法应当退还扣押的物品不予退还，给当事人造成损失的。

第二十四条　检验检疫机构将查封、扣押的财物截留、私分或者变相私分的，由上级检验检疫机构或者有关部门予以追缴。情节严重构成犯罪的，依法追究刑事责任。

第二十五条 检验检疫机构工作人员利用职务便利，将查封、扣押的财物据为己有，情节严重构成犯罪的，依法追究刑事责任。

第五章 附 则

第二十六条 对禁止进境的动植物、动植物产品和其他检疫物必须实施封存的，参照本规定执行。

对出入境旅客实施的诊验等强制措施不在本规定调整范围之内，由国家质检总局另行规定。

第二十七条 检验检疫查封、扣押文书格式由国家质检总局统一制定并在其网站上公布。

第二十八条 检验检疫机构应当建立查封、扣押档案，并妥善保管，保管期限不少于2年。

第二十九条 本规定由国家质检总局负责解释。

第三十条 本规定自2008年10月1日起施行。

出入境检验检疫标志管理办法

国家出入境检验检疫局令

第 23 号

现发布《出入境检验检疫标志管理办法》,自 2000 年 7 月 1 日起施行。

国家出入境检验检疫局局长
二〇〇〇年五月三十一日

第一章 总 则

第一条 为加强对出入境检验检疫标志的管理,根据《中华人民共和国进出口商品检验法》、《中华人民共和国进出境动植物检疫法》、《中华人民共和国国境卫生检疫法》和《中华人民共和国食品卫生法》等法律法规的规定,制定本办法。

第二条 本办法适用于出入境检验检疫标志(以下简称标志)的制定、发布、使用和管理。

第三条 本办法所称标志是指出入境检验检疫机构根据国家法律、法规及有关国际条约、双边协定,加施在经检验检疫合格的检验检疫物上的证明性标记。

第四条 国家出入境检验检疫局(以下简称国家检验检疫局)负责标志的制定、发放和监督管理工作。

国家检验检疫局设在各地的出入境检验检疫机构(以下简称检验检疫机构)负责标志加施和标志使用的监督管理。

第五条 入境货物应当加施标志而未加施标志的，不准销售、使用；出境货物应当加施标志而未加施标志的，不准出境。

第二章 标志的制定

第六条 标志的样式、规格由国家检验检疫局规定。

第七条 标志式样为圆形，正面文字为"中国检验检疫"及其英文缩写"CIQ"，背面加注九位数码流水号。标志规格分为直径10毫米、20毫米、30毫米、50毫米四种。

特殊情况使用的标志样式，由国家检验检疫局另行确定。

第八条 标志由国家检验检疫局指定的专业标志制作单位按规定要求制作。

第九条 国家检验检疫局授权国家出入境检验检疫局国际检验检疫标准与技术法规研究中心（简称标准法规中心）负责标志的监制、保管、分发、登记等工作。

第三章 标志的使用

第十条 按照出入境检验检疫法律、法规、规章以及有关国际条约、双边协定、检验检疫协议等规定需加施标志的检验检疫物，经检验检疫合格后，由检验检疫机构监督加施标志。

第十一条 货物需加施标志的基本加施单元、规格及加施部位，由国家检验检疫局根据货物实际情况在相应的管理办法中确定。

第十二条 检验检疫机构监督加施标志时应填写《出入境检验检疫标志监督加施记录》，并在检验检疫证书中记录标志编号。

第十三条 标志应由检验检疫地的检验检疫机构监督加施。

第十四条 入境货物需要在检验检疫地以外的销售地、使用地加施标志的，进口商应在报检时提出申请，检验检疫机构将检验检疫证书副本送销售地、使用地检验检疫机构，销售人、使用人持证书向销售地、使用地检验检疫机构申请监督加施标志。

第十五条　入境货物需要分销数地的，进口商应在报检时提出申请，检验检疫机构按分销批数分证，证书副本送分销地检验检疫机构。由销售人持证书向分销地检验检疫机构申请监督加施标志。

第十六条　出境货物标志加施情况由检验检疫地的检验检疫机构在检验检疫证书、《检验检疫换证凭单》中注明，出境口岸检验检疫机构查验换证时核查。

第四章　标志的监督管理

第十七条　检验检疫机构可采取下列方式对标志使用情况进行监督检查：

（一）流通领域的监督检查；

（二）口岸核查；

（三）在生产现场、港口、机场、车站、仓库实施监督抽查。

第十八条　检验检疫机构实施标志监督检查，有关单位应当配合并提供必要的工作条件。

第十九条　出入境货物应加施标志而未加施标志的，销售、使用应加施标志而无标志货物的，或者不按规定使用标志的，按检验检疫有关法律、法规、规章的规定处理。

第二十条　伪造、变造、盗用、买卖、涂改标志，或者擅自调换、损毁加施在检验检疫物上的标志的，按照检验检疫法律、法规规定给予行政处罚；构成犯罪的，对直接责任人员追究刑事责任。

第五章　附　则

第二十一条　检验检疫机构根据本办法规定加施标志，依照国家有关规定收费。

第二十二条　检验检疫机构及其工作人员不履行职责或者滥用职权的，按有关规定处理。

第二十三条　经香港、澳门转口的入境货物需加施标志的，由国家检验检疫局指定的机构负责。

第二十四条　进口安全质量认证标志及其他认证标志按照国家有关规定执行，不适用本办法。

第二十五条　本办法由国家检验检疫局负责解释。

第二十六条　本办法自 2000 年 7 月 1 日起施行。1995 年 9 月 21 日原国家商检局发布的《进出口商品标志管理办法》、国家检验检疫局 1999 年 12 月 21 日发布的《关于对进口食品统一加贴 CIQ 标志的通知》（国检法〔1999〕396 号）、2000 年 3 月 1 日发布的《关于〈关于对进口食品统一加贴 CIQ 标志的通知〉的补充通知》（国检法〔2000〕39 号）同时废止。过去发布的涉及检验检疫标志管理的有关规定与本办法不一致的，以本办法为准。

进出境动物、动物产品检疫采样管理办法

农业部关于发布《进出境动物、动物产品检疫采样管理办法》及其采样标准的通知

各省、自治区、直辖市农（牧、渔）业厅（局）、口岸动植物检疫局、动物检疫所：

现将《进出境动物、动物产品检疫采样管理办法》和《进出境动物、动物产品检疫采样标准》，印发给你们，请遵照执行，并就有关问题通知如下：

一、各口岸动植物检疫机关要严格执行本办法和采样标准，不得擅自扩大采样标准。因检疫特需增加采样量时，需向国家动植物检疫机关申报获准后方可施行采样。

二、口岸动植物检疫机关采取样品后必须出具采样单证，一式两份，一份留本单位存查，一分交货主；货证要相符。

三、本通知自发文日期起施行。

农业部
1992 年 6 月 27 日

第一条 为做好进出境动物和动物产品检疫工作，统一采样标准，规范样品管理，根据《中华人民共和国进出境动植物检疫法》的规定，制定本管理办法。

第二条 口岸动植物检疫机关对进出口动物及动物产品依法实

施检疫，依照本规定采样。货主或代理人应当配合做好货物移动、开启、复原和动物保定工作。

  第三条 口岸动植物检疫机关采样，必须配备采样工具和盛装样品的容器。采样必须注意防止污染，采样后应向货主出具采样凭证。

  第四条 特殊情况下经口岸动植物检疫机关批准，可由货主或代理人采样和送样，必要时口岸动植物检疫机关采样复查。

  第五条 采样要有代表性，对动物产品采样上、中、下三个不同层次和同一层次的五个不同点随机采取；生皮张须逐张采样；种用大、中动物逐头采取血液、尿液等检疫材料；小动物和禽类按检疫条款采样或按《进出境动物、动物产品检疫采样标准》的有关规定采样。

  第六条 采样数量参照本管理办法的附件《进出境动物、动物产品检疫采样标准》。

  第七条 口岸动植物检疫机关对采取的样品必须妥善保存，并由现场检疫员填写送检报告单，连同样品送实验室检疫，为防止污染，在样品保存和样品运送时，必须采取有效的防护措施，以确保检疫结果的准确性。

  第八条 已完成实验室检疫的剩余样品，未发现传染病病原的，通知货主或代理人凭"采取样品凭单"领回，逾期不领和不能久存的物品，由口岸动植物检疫机关作无害化处理；对动物血清等根据检疫结果作定期保存或灭菌灭活处理。

  第九条 货主或代理人必须按规定配合口岸动植物检疫机关采样、送样，不得弄虚作假，不得阻拦、刁难。口岸动植物检疫机关必须按规定的标准采样。违者按《中华人民共和国进出境动植物检疫法》的有关规定处理。

  第十条 本办法自发布之日起施行。

进境动植物检疫审批名录

国家质检总局公告
2002 年第 2 号

　　为进一步规范进境动植物检疫审批工作，根据《中华人民共和国进出境动植物检疫法》及其实施条例和其他有关规章的相关规定，现将须办理检疫审批的进境动植物、动植物产品和其他检疫物名录予以公布（见附件）。有关事项公告如下：

　　一、凡名录中规定须办理检疫审批的动植物、动植物产品和其他检疫物，进口单位均须按照有关进境动植物检疫审批的规定，到国家质量监督检验检疫总局（以下简称国家质检总局）办理进境检疫审批手续。

　　二、西藏自治区与邻近国家开展的边境小额贸易并在西藏自治区内销售使用的进境动植物产品，除偶蹄动物产品外，由西藏检验检疫局审批。

　　三、对名录中规定须办理检疫审批的动植物、动植物产品和其他检疫物，口岸检验检疫机构必须凭《中华人民共和国进境动植物检疫许可证》正本接受报检。

　　四、2001 年各直属检验检疫局已经发放的《中华人民共和国进境动植物检疫许可证》至 2002 年 2 月 28 日全部废止。

　　五、引进植物种子和苗木的进境审批办法，按农业部、国家林业局的相关规定执行。

二〇〇二年一月八日

一、动物检疫审批

1. 活动物：动物（指饲养、野生的活动物如畜、禽、兽、蛇、龟、虾、蟹、贝、鱼、蚕、蜂等）、胚胎、精液、受精卵、种蛋及其他动物遗传物质；

2. 动物源性食品，但不包括：水产品、蜂产品、蛋制品（不含鲜蛋）、奶制品（鲜奶除外）、熟制肉类产品（如香肠、火腿、肉类罐头、食用高温炼制动物油脂）；

3. 非食用性动物产品：原毛（包括羽毛）、原皮、生的骨、角、蹄、明胶、蚕茧、动物源性饲料及饲料添加剂、鱼粉、肉粉、骨粉、肉骨粉、油脂、血粉、血液等，含有动物成份的有机肥料。

二、植物检疫审批

1. 果蔬类：新鲜水果、番茄、茄子、辣椒果实。

2. 烟草类：烟叶及烟草薄片。

3. 粮谷类：小麦、玉米、稻谷、大麦、黑麦、高粱等。

4. 豆类：大豆、绿豆、豌豆、赤豆、蚕豆、鹰嘴豆等。

5. 薯类：马铃薯、木薯、甘薯等及其加工产品。

6. 饲料类：麦麸、豆饼、豆粕等。

7. 其他类：植物栽培介质。

三、特许审批

动植物病原体（包括菌种、毒种等）、害虫及其他有害生物。

动植物疫情流行的国家和地区的有关动植物、动植物产品和其他检疫物。

动物尸体。

土壤。

四、过境动物检疫审批

过境动物。

五、需提交材料目录

1. 特许审批

申请单位需提供法人资格证明文件，提供书面申请报告，详细说明进口禁止进境物的用途、进境后的防疫措施等以及省部级科研立项报告或证明文件。

2. 过境动物检疫审批

申请单位需向受理机构提供法人资格证明文件、过境路线、输出国家或者地区官方检疫部门出具的动物卫生证书（复印件）、输入国家或者地区官方检疫部门出具的准许动物进境的证明文件。

3. 进口肉类、肠衣等检疫审批

（一）申请单位的法人资格证明文件；前一次许可证原件及复印件（包括核销记录）；如已在网上核销，需提供最近的一份预核销单；

（二）进口肉类等供宾馆、饭店、国际航班作配餐用的动物产品，须提供用货单位名单和用货单位证明，并须注明产品名称、产地、及具体数重量；

（三）申请单位为质检总局批准的指定的注册存放冷库或加工单位的，可直接向所在地直属检验检疫机构提出申请；申请单位非质检总局批准的指定的注册存放冷库或加工单位的，申请时须随附经所在地检验检疫机构确认的与指定的注册存放冷库和加工单位签订的存储协议或加工合同。

4. 进口原毛（包括羽毛/羽绒）、原皮、生骨、生角、生蹄、蚕茧等检疫审批

（一）申请单位与生产、加工、存放企业一致的——申请单位需向受理机构提交法人资格证明文件、生产、加工、存放企业所在地检验检疫机构签发的考核报告。

（二）申请单位与生产、加工、存放企业不一致的——申请单位需向受理机构提交法人资格证明文件，生产、加工、存放企业所在地检验检疫机构签发的考核报告。

5. 进口动物源性饲料检疫审批

（一）申请单位的法人资格证明文件

（二）农业部"饲料登记许可证"

（三）进口混合性动物饲料、饲料添加剂，须提供饲料成分中动物的蛋白源自何种动物产品的有关说明；

6. 办理动物进境检疫审批，需提供"临时隔离场许可证"。进口猪、牛、羊等大中动物，申请单位需向受理机构提交法人资格证明文件、国家质检总局签发的《进出境动物隔离检疫场许可证》。进口其他动物——申请单位需向受理机构提交法人资格证明文件、《进出境动物临时隔离检疫场许可证申请表》、《进出境动物临时隔离检疫场许可证》。

7. 办理退运动物或动物产品审批，须提供详细的退货原因说明，及货物出境时的相关单证（如通关单、检疫证书、报关单等），以及与外方的退运协议等。

8. 进口转基因产品检疫审批，必须提供农业部转基因生物安全证书和标识证明文件；

9. 进口水果检疫审批

（一）申请单位法人资质证明文件

（二）定点存放库考核报告

（三）申请单位与存放冷库不一致的，提交水果租用定点冷库合同。

10. 粮谷类（小麦、玉米、稻谷、大麦、黑麦、燕麦等）检疫审批

(一) 申请单位资质证明文件

(二) 申请单位需向受理机构提供加工厂所在地直属检验检疫局出具的对加工厂生产、仓储、下脚料无害化处理、防疫及加工能力等情况的考核报告。

(三) 申请单位与生产、加工、存放企业不一致的——申请单位提交与生产、加工、存放企业签订的合同/协议。

(四) 进口小麦、玉米,申请单位还需向受理机构提供《中华人民共和国农产品进口关税配额证》复印件。

11. 豆类(大豆、绿豆、豌豆、赤豆、蚕豆等)检疫审批

(一) 申请单位资质证明文件

(二) 需向受理机构提供加工厂所在地直属检验检疫局出具的对加工厂生产、仓储、下脚料无害化处理、防疫等能力情况的考核报告。

(三) 申请单位与生产、加工、存放企业不一致的——申请单位提交与生产、加工、存放企业签订的合同/协议。

12. 薯类及植物性饲料检疫审批

(一) 申请单位法人资质证明文件

(二) 申请单位需向受理机构提供加工厂所在地直属检验检疫局出具的对加工厂生产、仓储、下脚料无害化处理、防疫等能力情况的考核报告。

(三) 申请单位与生产、加工、存放企业不一致的——申请单位提交与生产、加工、存放企业签订的合同/协议。

13. 烟草检疫审批

(一) 申请单位法人资质证明文件

(二) 直属局出具对加工厂的考核报告

14. 栽培介质检疫审批

(一) 申请单位法人资质证明文件

（二）申请单位应提供介质的成分、加工工艺流程、介质进口用途、使用范围，以及防止有害生物及土壤感染的措施等材料。

（三）首次申请进口栽培介质，申请单位向国家质检总局指定的实验室提供 1.5~2 公斤检测样品，并在申请时注明已送样检测。

（四）再次进口来自同一境外供货商的栽培介质，进口单位应向受理机构提供前批许可证复印件。

15. 如果随附单证不在列表中，则企业应在"其他随附单证"栏中自填写。

出口蜂蜜检验检疫管理办法

国家出入境检验检疫局令

第 20 号

现发布《出口蜂蜜检验检疫管理办法》，自 2000 年 5 月 1 日起施行。

国家出入境检验检疫局局长
二〇〇〇年二月二十二日

第一章 总 则

第一条 为加强出口蜂蜜检验检疫管理工作，提高我国出口蜂蜜的质量，适应国际市场的要求，根据《中华人民共和国进出口商品检验法》、《中华人民共和国进出境动植物检疫法》、《中华人民共和国食品卫生法》等有关法律法规，制定本办法。

第二条 本办法适用于出口蜂蜜的检验检疫与监督管理工作。

第三条 国家出入境检验检疫局（以下简称国家检验检疫局）统一管理全国出口蜂蜜检验检疫工作。国家检验检疫局设在各地的出入境检验检疫机构（以下简称检验检疫机构）负责所辖地区出口蜂蜜的检验检疫与日常监督管理工作。

第四条 国家对出口蜂蜜加工企业实行卫生注册制度。未获得卫生注册的出口蜂蜜加工企业生产的蜂蜜不得出口。

第五条 出口蜂蜜检验检疫内容包括品质、规格、数量、重量、包装以及是否符合卫生要求。

出口蜂蜜未经检验检疫或经检验检疫不合格的，不准出口。

第二章　检验检疫

第六条　检验检疫机构对出口蜂蜜实行产地检验检疫，口岸查验的管理方式。

第七条　产地检验检疫机构应按规定的检验标准或方法抽取有代表性的样品进行检验检疫。对于农、兽药残留等卫生项目及国家检验检疫局规定的其他特殊项目需要进行委托检验检疫的，由检验检疫机构将签封样品寄送至认可的检测机构进行检验检疫。

第八条　经检验检疫发现蜂蜜中农、兽药残留、重金属、微生物等卫生指标以及国家检验检疫局规定的其他特殊项目不符合进出口国规定或合同要求的，判为不合格，签发出境货物不合格通知单，不允许返工整理。必要时由检验检疫机构加施封识，按有关规定处理。

第九条　检验检疫机构对出口蜂蜜的包装进行卫生及安全性能鉴定。出口蜂蜜包装桶应符合有关的国家标准规定，包装桶的内涂料应符合食品包装的卫生要求。

第十条　产地检验检疫机构应严格按照出口批次进行检验检，出具的检验检疫证书上除列明检验项目和结果外还应注明生产批次及数量。

第十一条　离境口岸检验检疫机构凭产地检验检疫机构签发的相关证单进行查验，经查验合格的予以放行。未经产地检验检疫机构检验的出口蜂蜜，口岸检验检疫机构不得放行。

第十二条　出口蜂蜜检验检疫结果的有效期为60天。

第三章 监督管理

第十三条 出口蜂蜜加工企业必须符合《出口食品厂、库卫生要求》、《出口食品厂、库卫生注册细则》等有关规定。检验检疫机构对获得卫生注册的出口蜂蜜加工企业进行监督管理。

加工企业卫生注册代号实行专厂专号专用,任何企业及个人不得借用、冒用、盗用及转让卫生注册代号。

第十四条 检验检疫机构对出口蜂蜜实施批次管理。出口蜂蜜加工企业应按照生产批次逐批检验,并按规定要求在包装桶或外包装箱印上该批蜂蜜的生产批次,厂检单应注明生产批次与数量。

第十五条 检验检疫机构对出口蜂蜜加工企业实施日常监督管理,包括查看生产现场,检查原料收购验收记录、检验原始记录等,发现问题应督促加工企业限期改正。

第十六条 出口蜂蜜加工企业必须对原料蜜的收购加强把关,不得收购蜂群发生疫情或违反兽医部门用药规定的蜂蜜,不得收购掺杂掺假的、严重发酵或品质发生变化的蜂蜜。

第十七条 出口蜂蜜加工企业必须根据进口国对蜂蜜的品质与卫生要求对原料蜜中农、兽药残留以及国家检验检疫局规定的其他特殊项目进行检测或委托检测,不符合要求的原料蜜不得投入生产。

第十八条 出口蜂蜜加工企业必须建立原料蜜收购记录及生产用料蜜的投配料记录,详细记录每批成品蜜所用原料蜜的蜜种、批号、产地、数量及品质情况等。

第十九条 出口蜂蜜加工企业应对成品蜜包装桶进行严格的验收并进行清洗干燥;对原料蜜包装桶加强管理,确保包装桶对原料蜜与成品蜜不产生污染。

第二十条 出口蜂蜜加工企业应加强对原料蜜与成品蜜的储存管理，原料蜜与成品蜜均应存放在阴凉干燥通风的地方，严防日晒雨淋，并做到标识明显，分批堆放。

第二十一条 检验检疫机构应严格执行《中华人民共和国动物及动物源食品残留物质监控计划》及各年度的具体要求，按规定抽取蜂蜜的官方样品送监测实验室进行监控检测。蜂蜜残留物监测基准实验室应协助国家检验检疫局做好监控工作。

第四章 附 则

第二十二条 对违反本办法规定的，依照有关法律法规予以处罚。

第二十三条 出口蜂王浆及其他蜂产品的检验检疫与监督管理工作参照本办法执行。

第二十四条 本办法由国家检验检疫局负责解释。

第二十五条 本办法自 2000 年 5 月 1 日起施行。原国家商检局发布的关于出口蜂蜜检验检疫的有关文件同时废止。

附：

原国家商检局发布的出口蜂蜜检验检疫的有关文件清单

1. 检土便〔1991〕001 号《关于下发出口蜂蜜标准的通知》

2. 国检检〔1992〕74 号《关于对日出口蜂蜜检验抗生素项目的通知》

3. 国检检〔1992〕315 号《关于加强对美出口蜂蜜农药残留检测的通知》

4. 检卫便〔1993〕012 号《关于加强出口蜂产品检验工作的通知》

5. 检检一函〔1995〕078 号《关于加强出口蜂蜜检验把关的通知》

6. 检检一函〔1996〕38 号《关于下发出口洋槐蜜检验工作座谈会会议纪要的通知》

7. 国检监〔1996〕88 号《关于加强〈出口蜂蜜质量管理有关问题〉的通知》

8. 国检检函〔1997〕180 号《关于加强出口蜂蜜检验管理的通知》

全国普法学习读本
★★★★★

农产品检疫法律法规学习读本

农产品质量安全法律法规

■ 曾朝 主编

加大全民普法力度，建设社会主义法治文化，树立宪法法律至上、法律面前人人平等的法治理念。

——中国共产党第十九次全国代表大会《决胜全面建成小康社会 夺取新时代中国特色社会主义伟大胜利》

汕头大学出版社

图书在版编目（CIP）数据

农产品质量安全法律法规/曾朝主编. -- 汕头：汕头大学出版社（2021.7重印）

（农产品检疫法律法规学习读本）

ISBN 978-7-5658-3527-8

Ⅰ.①农… Ⅱ.①曾… Ⅲ.①农产品-产品质量法-中国-学习参考资料 Ⅳ.①D922.44

中国版本图书馆CIP数据核字（2018）第037658号

农产品质量安全法律法规　NONGCHANPIN ZHILIANG ANQUAN FALÜ FAGUI

主　　编：	曾　朝
责任编辑：	邹　峰
责任技编：	黄东生
封面设计：	大华文苑
出版发行：	汕头大学出版社
	广东省汕头市大学路243号汕头大学校园内　邮政编码：515063
电　　话：	0754-82904613
印　　刷：	三河市南阳印刷有限公司
开　　本：	690mm×960mm 1/16
印　　张：	18
字　　数：	226千字
版　　次：	2018年5月第1版
印　　次：	2021年7月第2次印刷
定　　价：	59.60元（全2册）

ISBN 978-7-5658-3527-8

版权所有，翻版必究

如发现印装质量问题，请与承印厂联系退换

前　言

习近平总书记指出："推进全民守法，必须着力增强全民法治观念。要坚持把全民普法和守法作为依法治国的长期基础性工作，采取有力措施加强法制宣传教育。要坚持法治教育从娃娃抓起，把法治教育纳入国民教育体系和精神文明创建内容，由易到难、循序渐进不断增强青少年的规则意识。要健全公民和组织守法信用记录，完善守法诚信褒奖机制和违法失信行为惩戒机制，形成守法光荣、违法可耻的社会氛围，使遵法守法成为全体人民共同追求和自觉行动。"

中共中央、国务院曾经转发了中央宣传部、司法部关于在公民中开展法治宣传教育的规划，并发出通知，要求各地区各部门结合实际认真贯彻执行。通知指出，全民普法和守法是依法治国的长期基础性工作。深入开展法治宣传教育，是全面建成小康社会和新农村的重要保障。

普法规划指出：各地区各部门要根据实际需要，从不同群体的特点出发，因地制宜开展有特色的法治宣传教育坚持集中法治宣传教育与经常性法治宣传教育相结合，深化法律进机关、进乡村、进社区、进学校、进企业、进单位的"法律六进"主题活动，完善工作标准，建立长效机制。

特别是农业、农村和农民问题，始终是关系党和人民事业发展的全局性和根本性问题。党中央、国务院发布的《关于推进社会主义新农村建设的若干意见》中明确提出要"加强农村法制建设，深入开展农村普法教育，增强农民的法制观念，提高农民依法行使权利和履行义务的自觉性。"多年普法实践证明，普及法律知识，提高法制观念,增强全社会依法办事意识具有重要作用。特别是在广大农村进行普法教育,是提高全民法律素质的需要。

多年来,我国在农村实行的改革开放取得了极大成功,农村发生了翻天覆地的变化,广大农民生活水平大大得到了提高。但是,由于历史和社会等原因,现阶段我国一些地区农民文化素质还不高,不学法、不懂法、不守法现象虽然较原来有所改变,但仍有相当一部分群众的法制观念仍很淡化,不懂、不愿借助法律来保护自身权益,这就极易受到不法的侵害,或极易进行违法犯罪活动,严重阻碍了全面建成小康社会和新农村步伐。

为此,根据党和政府的指示精神以及普法规划,特别是根据广大农村农民的现状,在有关部门和专家的指导下,特别编辑了这套《全国普法学习读本》。主要包括了广大人民群众应知应懂、实际实用的法律法规。为了辅导学习,附录还收入了相应法律法规的条例准则、实施细则、解读解答、案例分析等;同时为了突出法律法规的实际实用特点,兼顾地方性和特殊性,附录还收入了部分某些地方性法律法规以及非法律法规的政策文件、管理制度、应用表格等内容,拓展了本书的知识范围,使法律法规更"接地气",便于读者学习掌握和实际应用。

在众多法律法规中,我们通过甄别,淘汰了废止的,精选了最新的、权威的和全面的。但有部分法律法规有些条款不适应当下情况了,却没有颁布新的,我们又不能擅自改动,只得保留原有条款,但附录却有相应的补充修改意见或通知等。众多法律法规根据不同内容和受众特点,经过归类组合,优化配套。整套普法读本非常全面系统,具有很强的学习性、实用性和指导性,非常适合用于广大农村和城乡普法学习教育与实践指导。总之,是全国全民普法的良好读本。

目　录

中华人民共和国农产品质量安全法

第一章　总　则 …………………………………………（1）
第二章　农产品质量安全标准 …………………………（3）
第三章　农产品产地 ……………………………………（3）
第四章　农产品生产 ……………………………………（4）
第五章　农产品包装和标识 ……………………………（6）
第六章　监督检查 ………………………………………（7）
第七章　法律责任 ………………………………………（10）
第八章　附　则 …………………………………………（12）

农产品质量安全监测管理办法

第一章　总　则 …………………………………………（13）
第二章　风险监测 ………………………………………（15）
第三章　监督抽查 ………………………………………（17）
第四章　工作纪律 ………………………………………（20）
第五章　附　则 …………………………………………（21）

附　录

　　食用农产品市场销售质量安全监督管理办法 …………（22）
　　关于进一步加强农产品质量安全管理工作的意见 ……（42）

关于进一步加强农产品等市场监管工作的意见 ……… (50)

农业检测检验检疫费用资金管理暂行办法 …………… (56)

农产品产地安全管理办法

第一章　总　　则 ………………………………………… (60)

第二章　产地监测与评价 ………………………………… (61)

第三章　禁止生产区划定与调整 ………………………… (62)

第四章　产地保护 ………………………………………… (63)

第五章　监督检查 ………………………………………… (64)

第六章　附　　则 ………………………………………… (65)

附　录

　　鱼类产地检疫规程（试行）………………………… (66)

　　甲壳类产地检疫规程（试行）……………………… (73)

　　贝类产地检疫规程（试行）………………………… (80)

　　供港澳蔬菜检验检疫监督管理办法 ……………… (86)

　　供港澳食用水生动物检验检疫管理办法 ………… (101)

　　供港澳活禽检验检疫管理办法 …………………… (106)

　　供港澳活猪检验检疫管理办法 …………………… (113)

　　供港澳活牛检验检疫管理办 ……………………… (121)

　　供港澳活羊检验检疫管理办法 …………………… (131)

中华人民共和国农产品质量安全法

中华人民共和国主席令

第四十九号

《中华人民共和国农产品质量安全法》已由中华人民共和国第十届全国人民代表大会常务委员会第二十一次会议于 2006 年 4 月 29 日通过,现予公布,自 2006 年 11 月 1 日起施行。

中华人民共和国主席　胡锦涛
2006 年 4 月 29 日

第一章　总　则

第一条　为保障农产品质量安全,维护公众健康,促进农业和农村经济发展,制定本法。

第二条 本法所称农产品,是指来源于农业的初级产品,即在农业活动中获得的植物、动物、微生物及其产品。

本法所称农产品质量安全,是指农产品质量符合保障人的健康、安全的要求。

第三条 县级以上人民政府农业行政主管部门负责农产品质量安全的监督管理工作;县级以上人民政府有关部门按照职责分工,负责农产品质量安全的有关工作。

第四条 县级以上人民政府应当将农产品质量安全管理工作纳入本级国民经济和社会发展规划,并安排农产品质量安全经费,用于开展农产品质量安全工作。

第五条 县级以上地方人民政府统一领导、协调本行政区域内的农产品质量安全工作,并采取措施,建立健全农产品质量安全服务体系,提高农产品质量安全水平。

第六条 国务院农业行政主管部门应当设立由有关方面专家组成的农产品质量安全风险评估专家委员会,对可能影响农产品质量安全的潜在危害进行风险分析和评估。

国务院农业行政主管部门应当根据农产品质量安全风险评估结果采取相应的管理措施,并将农产品质量安全风险评估结果及时通报国务院有关部门。

第七条 国务院农业行政主管部门和省、自治区、直辖市人民政府农业行政主管部门应当按照职责权限,发布有关农产品质量安全状况信息。

第八条 国家引导、推广农产品标准化生产,鼓励和支持生产优质农产品,禁止生产、销售不符合国家规定的农产品质量安全标准的农产品。

第九条 国家支持农产品质量安全科学技术研究，推行科学的质量安全管理方法，推广先进安全的生产技术。

第十条 各级人民政府及有关部门应当加强农产品质量安全知识的宣传，提高公众的农产品质量安全意识，引导农产品生产者、销售者加强质量安全管理，保障农产品消费安全。

第二章 农产品质量安全标准

第十一条 国家建立健全农产品质量安全标准体系。农产品质量安全标准是强制性的技术规范。

农产品质量安全标准的制定和发布，依照有关法律、行政法规的规定执行。

第十二条 制定农产品质量安全标准应当充分考虑农产品质量安全风险评估结果，并听取农产品生产者、销售者和消费者的意见，保障消费安全。

第十三条 农产品质量安全标准应当根据科学技术发展水平以及农产品质量安全的需要，及时修订。

第十四条 农产品质量安全标准由农业行政主管部门商有关部门组织实施。

第三章 农产品产地

第十五条 县级以上地方人民政府农业行政主管部门按照

保障农产品质量安全的要求，根据农产品品种特性和生产区域大气、土壤、水体中有毒有害物质状况等因素，认为不适宜特定农产品生产的，提出禁止生产的区域，报本级人民政府批准后公布。具体办法由国务院农业行政主管部门商国务院环境保护行政主管部门制定。

农产品禁止生产区域的调整，依照前款规定的程序办理。

第十六条　县级以上人民政府应当采取措施，加强农产品基地建设，改善农产品的生产条件。

县级以上人民政府农业行政主管部门应当采取措施，推进保障农产品质量安全的标准化生产综合示范区、示范农场、养殖小区和无规定动植物疫病区的建设。

第十七条　禁止在有毒有害物质超过规定标准的区域生产、捕捞、采集食用农产品和建立农产品生产基地。

第十八条　禁止违反法律、法规的规定向农产品产地排放或者倾倒废水、废气、固体废物或者其他有毒有害物质。

农业生产用水和用作肥料的固体废物，应当符合国家规定的标准。

第十九条　农产品生产者应当合理使用化肥、农药、兽药、农用薄膜等化工产品，防止对农产品产地造成污染。

第四章　农产品生产

第二十条　国务院农业行政主管部门和省、自治区、直辖市人民政府农业行政主管部门应当制定保障农产品质量安全的生产技术要求和操作规程。县级以上人民政府农业行政主管部门应当加强对农产品生产的指导。

第二十一条 对可能影响农产品质量安全的农药、兽药、饲料和饲料添加剂、肥料、兽医器械，依照有关法律、行政法规的规定实行许可制度。

国务院农业行政主管部门和省、自治区、直辖市人民政府农业行政主管部门应当定期对可能危及农产品质量安全的农药、兽药、饲料和饲料添加剂、肥料等农业投入品进行监督抽查，并公布抽查结果。

第二十二条 县级以上人民政府农业行政主管部门应当加强对农业投入品使用的管理和指导，建立健全农业投入品的安全使用制度。

第二十三条 农业科研教育机构和农业技术推广机构应当加强对农产品生产者质量安全知识和技能的培训。

第二十四条 农产品生产企业和农民专业合作经济组织应当建立农产品生产记录，如实记载下列事项：

（一）使用农业投入品的名称、来源、用法、用量和使用、停用的日期；

（二）动物疫病、植物病虫草害的发生和防治情况；

（三）收获、屠宰或者捕捞的日期。

农产品生产记录应当保存二年。禁止伪造农产品生产记录。

国家鼓励其他农产品生产者建立农产品生产记录。

第二十五条 农产品生产者应当按照法律、行政法规和国务院农业行政主管部门的规定，合理使用农业投入品，严格执行农业投入品使用安全间隔期或者休药期的规定，防止危及农产品质量安全。

禁止在农产品生产过程中使用国家明令禁止使用的农业投入品。

第二十六条　农产品生产企业和农民专业合作经济组织，应当自行或者委托检测机构对农产品质量安全状况进行检测；经检测不符合农产品质量安全标准的农产品，不得销售。

第二十七条　农民专业合作经济组织和农产品行业协会对其成员应当及时提供生产技术服务，建立农产品质量安全管理制度，健全农产品质量安全控制体系，加强自律管理。

第五章　农产品包装和标识

第二十八条　农产品生产企业、农民专业合作经济组织以及从事农产品收购的单位或者个人销售的农产品，按照规定应当包装或者附加标识的，须经包装或者附加标识后方可销售。包装物或者标识上应当按照规定标明产品的品名、产地、生产者、生产日期、保质期、产品质量等级等内容；使用添加剂的，还应当按照规定标明添加剂的名称。具体办法由国务院农业行政主管部门制定。

第二十九条　农产品在包装、保鲜、贮存、运输中所使用的保鲜剂、防腐剂、添加剂等材料，应当符合国家有关强制性的技术规范。

第三十条 属于农业转基因生物的农产品,应当按照农业转基因生物安全管理的有关规定进行标识。

第三十一条 依法需要实施检疫的动植物及其产品,应当附具检疫合格标志、检疫合格证明。

第三十二条 销售的农产品必须符合农产品质量安全标准,生产者可以申请使用无公害农产品标志。农产品质量符合国家规定的有关优质农产品标准的,生产者可以申请使用相应的农产品质量标志。

禁止冒用前款规定的农产品质量标志。

第六章 监督检查

第三十三条 有下列情形之一的农产品,不得销售:

(一) 含有国家禁止使用的农药、兽药或者其他化学物质的;

(二) 农药、兽药等化学物质残留或者含有的重金属等有毒有害物质不符合农产品质量安全标准的;

(三) 含有的致病性寄生虫、微生物或者生物毒素不符合农产品质量安全标准的;

(四) 使用的保鲜剂、防腐剂、添加剂等材料不符合国家有关强制性的技术规范的;

(五) 其他不符合农产品质量安全标准的。

第三十四条 国家建立农产品质量安全监测制度。县级以上人民政府农业行政主管部门应当按照保障农产品质量安全的要求，制定并组织实施农产品质量安全监测计划，对生产中或者市场上销售的农产品进行监督抽查。监督抽查结果由国务院农业行政主管部门或者省、自治区、直辖市人民政府农业行政主管部门按照权限予以公布。

监督抽查检测应当委托符合本法第三十五条规定条件的农产品质量安全检测机构进行，不得向被抽查人收取费用，抽取的样品不得超过国务院农业行政主管部门规定的数量。上级农业行政主管部门监督抽查的农产品，下级农业行政主管部门不得另行重复抽查。

第三十五条 农产品质量安全检测应当充分利用现有的符合条件的检测机构。

从事农产品质量安全检测的机构，必须具备相应的检测条件和能力，由省级以上人民政府农业行政主管部门或者其授权的部门考核合格。具体办法由国务院农业行政主管部门制定。

农产品质量安全检测机构应当依法经计量认证合格。

第三十六条 农产品生产者、销售者对监督抽查检测结果有异议的，可以自收到检测结果之日起五日内，向组织实施农产品质量安全监督抽查的农业行政主管部门或者其上级农业行政主管部门申请复检。

采用国务院农业行政主管部门会同有关部门认定的快速检测方法进行农产品质量安全监督抽查检测，被抽查人对检测结果有异议的，可以自收到检测结果时起四小时内申请复检。复检不得采用快速检测方法。

因检测结果错误给当事人造成损害的,依法承担赔偿责任。

第三十七条 农产品批发市场应当设立或者委托农产品质量安全检测机构,对进场销售的农产品质量安全状况进行抽查检测;发现不符合农产品质量安全标准的,应当要求销售者立即停止销售,并向农业行政主管部门报告。

农产品销售企业对其销售的农产品,应当建立健全进货检查验收制度;经查验不符合农产品质量安全标准的,不得销售。

第三十八条 国家鼓励单位和个人对农产品质量安全进行社会监督。任何单位和个人都有权对违反本法的行为进行检举、揭发和控告。有关部门收到相关的检举、揭发和控告后,应当及时处理。

第三十九条 县级以上人民政府农业行政主管部门在农产品质量安全监督检查中,可以对生产、销售的农产品进行现场检查,调查了解农产品质量安全的有关情况,查阅、复制与农产品质量安全有关的记录和其他资料;对经检测不符合农产品质量安全标准的农产品,有权查封、扣押。

第四十条 发生农产品质量安全事故时,有关单位和个人应当采取控制措施,及时向所在地乡级人民政府和县级人民政府农业行政主管部门报告;收到报告的机关应当及时处理并报上一级人民政府和有关部门。发生重大农产品质量安全事故时,农业行政主管部门应当及时通报同级食品药品监督管理部门。

第四十一条 县级以上人民政府农业行政主管部门在农产

品质量安全监督管理中，发现有本法第三十三条所列情形之一的农产品，应当按照农产品质量安全责任追究制度的要求，查明责任人，依法予以处理或者提出处理建议。

第四十二条　进口的农产品必须按照国家规定的农产品质量安全标准进行检验；尚未制定有关农产品质量安全标准的，应当依法及时制定，未制定之前，可以参照国家有关部门指定的国外有关标准进行检验。

第七章　法律责任

第四十三条　农产品质量安全监督管理人员不依法履行监督职责，或者滥用职权的，依法给予行政处分。

第四十四条　农产品质量安全检测机构伪造检测结果的，责令改正，没收违法所得，并处五万元以上十万元以下罚款，对直接负责的主管人员和其他直接责任人员处一万元以上五万元以下罚款；情节严重的，撤销其检测资格；造成损害的，依法承担赔偿责任。

农产品质量安全检测机构出具检测结果不实，造成损害的，依法承担赔偿责任；造成重大损害的，并撤销其检测资格。

第四十五条　违反法律、法规规定，向农产品产地排放或者倾倒废水、废气、固体废物或者其他有毒有害物质的，依照有关环境保护法律、法规的规定处罚；造成损害的，依法承担赔偿责任。

第四十六条　使用农业投入品违反法律、行政法规和国务院农业行政主管部门的规定的，依照有关法律、行政法规的规定处罚。

第四十七条　农产品生产企业、农民专业合作经济组织未建立或者未按照规定保存农产品生产记录的，或者伪造农产品生产记录的，责令限期改正；逾期不改正的，可以处二千元以下罚款。

第四十八条　违反本法第二十八条规定，销售的农产品未按照规定进行包装、标识的，责令限期改正；逾期不改正的，可以处二千元以下罚款。

第四十九条　有本法第三十三条第四项规定情形，使用的保鲜剂、防腐剂、添加剂等材料不符合国家有关强制性的技术规范的，责令停止销售，对被污染的农产品进行无害化处理，对不能进行无害化处理的予以监督销毁；没收违法所得，并处二千元以上二万元以下罚款。

第五十条　农产品生产企业、农民专业合作经济组织销售的农产品有本法第三十三条第一项至第三项或者第五项所列情形之一的，责令停止销售，追回已经销售的农产品，对违法销售的农产品进行无害化处理或者予以监督销毁；没收违法所得，并处二千元以上二万元以下罚款。

农产品销售企业销售的农产品有前款所列情形的，依照前款规定处理、处罚。

农产品批发市场中销售的农产品有第一款所列情形的，对违法销售的农产品依照第一款规定处理，对农产品销售者依照第一款规定处罚。

农产品批发市场违反本法第三十七条第一款规定的,责令改正,处二千元以上二万元以下罚款。

第五十一条 违反本法第三十二条规定,冒用农产品质量标志的,责令改正,没收违法所得,并处二千元以上二万元以下罚款。

第五十二条 本法第四十四条、第四十七条至第四十九条、第五十条第一款、第四款和第五十一条规定的处理、处罚,由县级以上人民政府农业行政主管部门决定;第五十条第二款、第三款规定的处理、处罚,由工商行政管理部门决定。

法律对行政处罚及处罚机关有其他规定的,从其规定。但是,对同一违法行为不得重复处罚。

第五十三条 违反本法规定,构成犯罪的,依法追究刑事责任。

第五十四条 生产、销售本法第三十三条所列农产品,给消费者造成损害的,依法承担赔偿责任。

农产品批发市场中销售的农产品有前款规定情形的,消费者可以向农产品批发市场要求赔偿;属于生产者、销售者责任的,农产品批发市场有权追偿。消费者也可以直接向农产品生产者、销售者要求赔偿。

第八章 附 则

第五十五条 生猪屠宰的管理按照国家有关规定执行。

第五十六条 本法自 2006 年 11 月 1 日起施行。

农产品质量安全监测管理办法

中华人民共和国农业部令

2012 年第 7 号

《农产品质量安全监测管理办法》业经 2012 年 6 月 13 日农业部第 7 次常务会议审议通过，现予公布，自 2012 年 10 月 1 日起施行。

农业部部长

二〇一二年八月十四日

第一章 总 则

第一条 为加强农产品质量安全管理，规范农产品质量安全监测工作，根据《中华人民共和国农产品质量安全法》、《中华人民共和国食品安全法》和《中华人民共和国食品安全法实施条例》，制定本办法。

第二条 县级以上人民政府农业行政主管部门开展农产品质量安全监测工作，应当遵守本办法。

第三条 农产品质量安全监测，包括农产品质量安全风险监测和农产品质量安全监督抽查。

农产品质量安全风险监测，是指为了掌握农产品质量安全状况和开展农产品质量安全风险评估，系统和持续地对影响农产品质量安全的有害因素进行检验、分析和评价的活动，包括农产品质量安全例行监测、普查和专项监测等内容。

农产品质量安全监督抽查，是指为了监督农产品质量安全，依法对生产中或市场上销售的农产品进行抽样检测的活动。

第四条 农业部根据农产品质量安全风险评估、农产品质量安全监督管理等工作需要，制定全国农产品质量安全监测计划并组织实施。

县级以上地方人民政府农业行政主管部门应当根据全国农产品质量安全监测计划和本行政区域的实际情况，制定本级农产品质量安全监测计划并组织实施。

第五条 农产品质量安全检测工作，由符合《中华人民共和国农产品质量安全法》第三十五条规定条件的检测机构承担。

县级以上人民政府农业行政主管部门应当加强农产品质量安全检测机构建设，提升其检测能力。

第六条 农业部统一管理全国农产品质量安全监测数据和

信息，并指定机构建立国家农产品质量安全监测数据库和信息管理平台，承担全国农产品质量安全监测数据和信息的采集、整理、综合分析、结果上报等工作。

县级以上地方人民政府农业行政主管部门负责管理本行政区域内的农产品质量安全监测数据和信息。鼓励县级以上地方人民政府农业行政主管部门建立本行政区域的农产品质量安全监测数据库。

第七条　县级以上人民政府农业行政主管部门应当将农产品质量安全监测工作经费列入本部门财政预算，保证监测工作的正常开展。

第二章　风险监测

第八条　农产品质量安全风险监测应当定期开展。根据农产品质量安全监管需要，可以随时开展专项风险监测。

第九条　省级以上人民政府农业行政主管部门应当根据农产品质量安全风险监测工作的需要，制定并实施农产品质量安全风险监测网络建设规划，建立健全农产品质量安全风险监测网络。

第十条　县级以上人民政府农业行政主管部门根据监测计划向承担农产品质量安全监测工作的机构下达工作任务。接受任务的机构应当根据农产品质量安全监测计划编制工作方案，并报下达监测任务的农业行政主管部门备案。

工作方案应当包括下列内容：

（一）监测任务分工，明确具体承担抽样、检测、结果汇总等的机构；

（二）各机构承担的具体监测内容，包括样品种类、来源、数量、检测项目等；

（三）样品的封装、传递及保存条件；

（四）任务下达部门指定的抽样方法、检测方法及判定依据；

（五）监测完成时间及结果报送日期。

第十一条 县级以上人民政府农业行政主管部门应当根据农产品质量安全风险隐患分布及变化情况，适时调整监测品种、监测区域、监测参数和监测频率。

第十二条 农产品质量安全风险监测抽样应当采取符合统计学要求的抽样方法，确保样品的代表性。

第十三条 农产品质量安全风险监测应当按照公布的标准方法检测。没有标准方法的可以采用非标准方法，但应当遵循先进技术手段与成熟技术相结合的原则，并经方法学研究确认和专家组认定。

第十四条 承担农产品质量安全监测任务的机构应当按要求向下达任务的农业行政主管部门报送监测数据和分析结果。

第十五条 省级以上人民政府农业行政主管部门应当建立风险监测形势会商制度，对风险监测结果进行会商分析，查找问题原因，研究监管措施。

第十六条 县级以上地方人民政府农业行政主管部门应当及时向上级农业行政主管部门报送监测数据和分析结果，并向同级食品安全委员会办公室、卫生行政、质量监督、工商行政管理、食品药品监督管理等有关部门通报。

农业部及时向国务院食品安全委员会办公室和卫生行政、质量监督、工商行政管理、食品药品监督管理等有关部门及各省、自治区、直辖市、计划单列市人民政府农业行政主管部门通报监测结果。

第十七条 县级以上人民政府农业行政主管部门应当按照法定权限和程序发布农产品质量安全监测结果及相关信息。

第十八条 风险监测工作的抽样程序、检测方法等符合本办法第三章规定的,监测结果可以作为执法依据。

第三章 监督抽查

第十九条 县级以上人民政府农业行政主管部门应当重点针对农产品质量安全风险监测结果和农产品质量安全监管中发现的突出问题,及时开展农产品质量安全监督抽查工作。

第二十条 监督抽查按照抽样机构和检测机构分离的原则实施。抽样工作由当地农业行政主管部门或其执法机构负责,检测工作由农产品质量安全检测机构负责。检测机构根据需要可以协助实施抽样和样品预处理等工作。

采用快速检测方法实施监督抽查的,不受前款规定的限制。

第二十一条 抽样人员在抽样前应当向被抽查人出示执法证件或工作证件。具有执法证件的抽样人员不得少于两名。

抽样人员应当准确、客观、完整地填写抽样单。抽样单应当加盖抽样单位印章，并由抽样人员和被抽查人签字或捺印；被抽查人为单位的，应当加盖被抽查人印章或者由其工作人员签字或捺印。

抽样单一式四份，分别留存抽样单位、被抽查人、检测单位和下达任务的农业行政主管部门。

抽取的样品应当经抽样人员和被抽查人签字或捺印确认后现场封样。

第二十二条　有下列情形之一的，被抽查人可以拒绝抽样：

（一）具有执法证件的抽样人员少于两名的；

（二）抽样人员未出示执法证件或工作证件的。

第二十三条　被抽查人无正当理由拒绝抽样的，抽样人员应当告知拒绝抽样的后果和处理措施。被抽查人仍拒绝抽样的，抽样人员应当现场填写监督抽查拒检确认文书，由抽样人员和见证人共同签字，并及时向当地农业行政主管部门报告情况，对被抽查农产品以不合格论处。

第二十四条　上级农业行政主管部门监督抽查的同一批次农产品，下级农业行政主管部门不得重复抽查。

第二十五条　检测机构接收样品，应当检查、记录样品的外观、状态、封条有无破损及其他可能对检测结果或者综合判定产生影响的情况，并确认样品与抽样单的记录是否相符，对检测和备份样品分别加贴相应标识后入库。必要时，在不影响样品检测结果的情况下，可以对检测样品分装或者重新包装编号。

第二十六条　检测机构应当按照任务下达部门指定的方法和判定依据进行检测与判定。

采用快速检测方法检测的，应当遵守相关操作规范。

检测过程中遇有样品失效或者其他情况致使检测无法进行时，检测机构应当如实记录，并出具书面证明。

第二十七条　检测机构不得将监督抽查检测任务委托其他检测机构承担。

第二十八条　检测机构应当将检测结果及时报送下达任务的农业行政主管部门。检测结果不合格的，应当在确认后二十四小时内将检测报告报送下达任务的农业行政主管部门和抽查地农业行政主管部门，抽查地农业行政主管部门应当及时书面通知被抽查人。

第二十九条　被抽查人对检测结果有异议的，可以自收到检测结果之日起五日内，向下达任务的农业行政主管部门或者其上级农业行政主管部门书面申请复检。

采用快速检测方法进行监督抽查检测，被抽查人对检测结果有异议的，可以自收到检测结果时起四小时内书面申请复检。

第三十条　复检由农业行政主管部门指定具有资质的检测机构承担。

复检不得采用快速检测方法。

复检结论与原检测结论一致的，复检费用由申请人承担；不一致的，复检费用由原检测机构承担。

第三十一条　县级以上地方人民政府农业行政主管部门对

抽检不合格的农产品，应当及时依法查处，或依法移交工商行政管理等有关部门查处。

第四章　工作纪律

第三十二条　农产品质量安全监测不得向被抽查人收取费用，监测样品由抽样单位向被抽查人购买。

第三十三条　参与监测工作的人员应当秉公守法、廉洁公正，不得弄虚作假、以权谋私。

被抽查人或者与其有利害关系的人员不得参与抽样、检测工作。

第三十四条　抽样应当严格按照工作方案进行，不得擅自改变。

抽样人员不得事先通知被抽查人，不得接受被抽查人的馈赠，不得利用抽样之便牟取非法利益。

第三十五条　检测机构应当对检测结果的真实性负责，不得瞒报、谎报、迟报检测数据和分析结果。

检测机构不得利用检测结果参与有偿活动。

第三十六条　监测任务承担单位和参与监测工作的人员应当对监测工作方案和检测结果保密，未经任务下达部门同意，不得向任何单位和个人透露。

第三十七条　任何单位和个人对农产品质量安全监测工作中的违法行为，有权向农业行政主管部门举报，接到举报的部门应当及时调查处理。

第三十八条 对违反抽样和检测工作纪律的工作人员,由任务承担单位作出相应处理,并报上级主管部门备案。

违反监测数据保密规定的,由上级主管部门对任务承担单位的负责人通报批评,对直接责任人员依法予以处分、处罚。

第三十九条 检测机构无正当理由未按时间要求上报数据结果的,由上级主管部门通报批评并责令改正;情节严重的,取消其承担检测任务的资格。

检测机构伪造检测结果或者出具检测结果不实的,依照《中华人民共和国农产品质量安全法》第四十四条规定处罚。

第四十条 违反本办法规定,构成犯罪的,依法移送司法机关追究刑事责任。

第五章 附 则

第四十一条 本规定自 2012 年 10 月 1 日起施行。

附 录

食用农产品市场销售质量安全监督管理办法

国家食品药品监督管理总局令

第 20 号

《食用农产品市场销售质量安全监督管理办法》已于 2015 年 12 月 8 日经国家食品药品监督管理总局局务会议审议通过，现予公布，自 2016 年 3 月 1 日起施行。

国家食品药品监督管理总局局长
2016 年 1 月 5 日

第一章 总 则

第一条 为规范食用农产品市场销售行为，加强食用农产品市场销售质量安全监督管理，保证食用农产品质量安全，根据《中华人民共和国食品安全法》等法律法规，制定本办法。

第二条 食用农产品市场销售质量安全及其监督管理适用本办法。

本办法所称食用农产品市场销售，是指通过集中交易市场、商场、超市、便利店等销售食用农产品的活动。

本办法所称集中交易市场，是指销售食用农产品的批发市场和零售市场（含农贸市场）。

第三条 国家食品药品监督管理总局负责监督指导全国食用农产品市场销售质量安全的监督管理工作。

省、自治区、直辖市食品药品监督管理部门负责监督指导本行政区域食用农产品市场销售质量安全的监督管理工作。

市、县级食品药品监督管理部门负责本行政区域食用农产品市场销售质量安全的监督管理工作。

第四条 食用农产品市场销售质量安全及其监督管理工作坚持预防为主、风险管理原则，推进产地准出与市场准入衔接，保证市场销售的食用农产品可追溯。

第五条 县级以上食品药品监督管理部门应当与相关部门建立健全食用农产品市场销售质量安全监督管理协作机制。

第六条 集中交易市场开办者应当依法对入场销售者履行管理义务，保障市场规范运行。

食用农产品销售者（以下简称销售者）应当依照法律法规和食品安全标准从事销售活动，保证食用农产品质量安全。

第七条 县级以上食品药品监督管理部门应当加强信息化建设，汇总分析食用农产品质量安全信息，加强监督管理，防范食品安全风险。

集中交易市场开办者和销售者应当按照食品药品监督管理部门的要求提供并公开食用农产品质量安全数据信息。

鼓励集中交易市场开办者和销售者建立食品安全追溯体系，利用信息化手段采集和记录所销售的食用农产品信息。

第八条 集中交易市场开办者相关行业协会和食用农产品相关行业协会应当加强行业自律，督促集中交易市场开办者和销售者履行法律义务。

第二章 集中交易市场开办者义务

第九条 集中交易市场开办者应当建立健全食品安全管理制度，督促销售者履行义务，加强食用农产品质量安全风险防控。

集中交易市场开办者主要负责人应当落实食品安全管理制度，对本市场的食用农产品质量安全工作全面负责。

集中交易市场开办者应当配备专职或者兼职食品安全管理人员、专业技术人员，明确入场销售者的食品安全管理责任，组织食品安全知识培训。

集中交易市场开办者应当制定食品安全事故处置方案，根据食用农产品风险程度确定检查重点、方式、频次等，定期检查食品安全事故防范措施落实情况，及时消除食用农产品质量安全隐患。

第十条 集中交易市场开办者应当按照食用农产品类别实行分区销售。

集中交易市场开办者销售和贮存食用农产品的环境、设施、设备等应当符合食用农产品质量安全的要求。

第十一条 集中交易市场开办者应当建立入场销售者档案，如实记录销售者名称或者姓名、社会信用代码或者身份证号码、联系方式、住所、食用农产品主要品种、进货渠道、产地等信息。

销售者档案信息保存期限不少于销售者停止销售后6个月。集中交易市场开办者应当对销售者档案及时更新，保证其准确性、真实性和完整性。

集中交易市场开办者应当如实向所在地县级食品药品监督管理部门报告市场名称、住所、类型、法定代表人或者负责人姓名、食品安全管理制度、食用农产品主要种类、摊位数量等信息。

第十二条 集中交易市场开办者应当查验并留存入场销售者的社会信用代码或者身份证复印件，食用农产品产地证明或者购货凭证、合格证明文件。

销售者无法提供食用农产品产地证明或者购货凭证、合格证明文件的，集中交易市场开办者应当进行抽样检验或者快速检测；抽样检验或者快速检测合格的，方可进入市场销售。

第十三条 食用农产品生产企业或者农民专业合作经济组织及其成员生产的食用农产品，由本单位出具产地证明；其他食用农产品生产者或者个人生产的食用农产品，由村民委员会、乡镇政府等出具产地证明；无公害农产品、绿色食品、有机农产品以及农产品地理标志等食用农产品标志上所标注的产地信息，可以作为产地证明。

第十四条 供货者提供的销售凭证、销售者与供货者签订的食用农产品采购协议，可以作为食用农产品购货凭证。

第十五条 有关部门出具的食用农产品质量安全合格证明或者销售者自检合格证明等可以作为合格证明文件。

销售按照有关规定需要检疫、检验的肉类，应当提供检疫合格证明、肉类检验合格证明等证明文件。

销售进口食用农产品，应当提供出入境检验检疫部门出具的入境货物检验检疫证明等证明文件。

第十六条 集中交易市场开办者应当建立食用农产品检查制度，对销售者的销售环境和条件以及食用农产品质量安全状况进行检查。

集中交易市场开办者发现存在食用农产品不符合食品安全标准等违法行为的，应当要求销售者立即停止销售，依照集中交易市场管理规定或者与销售者签订的协议进行处理，并向所在地县级食品药品监督管理部门报告。

第十七条 集中交易市场开办者应当在醒目位置及时公布食品安全管理制度、食品安全管理人员、食用农产品抽样检验结果以及不合格食用农产品处理结果、投诉举报电话等信息。

第十八条 批发市场开办者应当与入场销售者签订食用农产品质量安全协议，明确双方食用农产品质量安全权利义务；未签订食用农产品质量安全协议的，不得进入批发市场进行销售。

鼓励零售市场开办者与销售者签订食用农产品质量安全协

议，明确双方食用农产品质量安全权利义务。

第十九条 批发市场开办者应当配备检验设备和检验人员，或者委托具有资质的食品检验机构，开展食用农产品抽样检验或者快速检测，并根据食用农产品种类和风险等级确定抽样检验或者快速检测频次。

鼓励零售市场开办者配备检验设备和检验人员，或者委托具有资质的食品检验机构，开展食用农产品抽样检验或者快速检测。

第二十条 批发市场开办者应当印制统一格式的销售凭证，载明食用农产品名称、产地、数量、销售日期以及销售者名称、地址、联系方式等项目。销售凭证可以作为销售者的销售记录和其他购货者的进货查验记录凭证。

销售者应当按照销售凭证的要求如实记录。记录和销售凭证保存期限不得少于6个月。

第二十一条 与屠宰厂（场）、食用农产品种植养殖基地签订协议的批发市场开办者应当对屠宰厂（场）和食用农产品种植养殖基地进行实地考察，了解食用农产品生产过程以及相关信息，查验种植养殖基地食用农产品相关证明材料以及票据等。

第二十二条 鼓励食用农产品批发市场开办者改造升级，更新设施、设备和场所，提高食品安全保障能力和水平。

鼓励批发市场开办者与取得无公害农产品、绿色食品、有机农产品、农产品地理标志等认证的食用农产品种植养殖基地或者生产加工企业签订食用农产品质量安全合作协议。

第三章 销售者义务

第二十三条 销售者应当具有与其销售的食用农产品品种、数量相适应的销售和贮存场所,保持场所环境整洁,并与有毒、有害场所以及其他污染源保持适当的距离。

第二十四条 销售者应当具有与其销售的食用农产品品种、数量相适应的销售设备或者设施。

销售冷藏、冷冻食用农产品的,应当配备与销售品种相适应的冷藏、冷冻设施,并符合保证食用农产品质量安全所需要的温度、湿度和环境等特殊要求。

鼓励采用冷链、净菜上市、畜禽产品冷鲜上市等方式销售食用农产品。

第二十五条 禁止销售下列食用农产品:

(一)使用国家禁止的兽药和剧毒、高毒农药,或者添加食品添加剂以外的化学物质和其他可能危害人体健康的物质的;

(二)致病性微生物、农药残留、兽药残留、生物毒素、重金属等污染物质以及其他危害人体健康的物质含量超过食品安全标准限量的;

(三)超范围、超限量使用食品添加剂的;

(四)腐败变质、油脂酸败、霉变生虫、污秽不洁、混有异物、掺假掺杂或者感官性状异常的;

(五)病死、毒死或者死因不明的禽、畜、兽、水产动物肉类;

（六）未按规定进行检疫或者检疫不合格的肉类；

（七）未按规定进行检验或者检验不合格的肉类；

（八）使用的保鲜剂、防腐剂等食品添加剂和包装材料等食品相关产品不符合食品安全国家标准的；

（九）被包装材料、容器、运输工具等污染的；

（十）标注虚假生产日期、保质期或者超过保质期的；

（十一）国家为防病等特殊需要明令禁止销售的；

（十二）标注虚假的食用农产品产地、生产者名称、生产者地址，或者标注伪造、冒用的认证标志等质量标志的；

（十三）其他不符合法律、法规或者食品安全标准的。

第二十六条 销售者采购食用农产品，应当按照规定查验相关证明材料，不符合要求的，不得采购和销售。

销售者应当建立食用农产品进货查验记录制度，如实记录食用农产品名称、数量、进货日期以及供货者名称、地址、联系方式等内容，并保存相关凭证。记录和凭证保存期限不得少于6个月。

实行统一配送销售方式的食用农产品销售企业，可以由企业总部统一建立进货查验记录制度；所属各销售门店应当保存总部的配送清单以及相应的合格证明文件。配送清单和合格证明文件保存期限不得少于6个月。

从事食用农产品批发业务的销售企业，应当建立食用农产品销售记录制度，如实记录批发食用农产品名称、数量、销售日期以及购货者名称、地址、联系方式等内容，并保存相关凭证。记录和凭证保存期限不得少于6个月。

鼓励和引导有条件的销售企业采用扫描、拍照、数据交换、电子表格等方式,建立食用农产品进货查验记录制度。

第二十七条 销售者贮存食用农产品,应当定期检查库存,及时清理腐败变质、油脂酸败、霉变生虫、污秽不洁或者感官性状异常的食用农产品。

销售者贮存食用农产品,应当如实记录食用农产品名称、产地、贮存日期、生产者或者供货者名称或者姓名、联系方式等内容,并在贮存场所保存记录。记录和凭证保存期限不得少于6个月。

第二十八条 销售者租赁仓库的,应当选择能够保障食用农产品质量安全的食用农产品贮存服务提供者。

贮存服务提供者应当按照食用农产品质量安全的要求贮存食用农产品,履行下列义务:

(一) 如实向所在地县级食品药品监督管理部门报告其名称、地址、法定代表人或者负责人姓名、社会信用代码或者身份证号码、联系方式以及所提供服务的销售者名称、贮存的食用农产品品种、数量等信息;

(二) 查验所提供服务的销售者的营业执照或者身份证明和食用农产品产地或者来源证明、合格证明文件,并建立进出货台账,记录食用农产品名称、产地、贮存日期、出货日期、销售者名称或者姓名、联系方式等。进出货台账和相关证明材料保存期限不得少于6个月;

(三) 保证贮存食用农产品的容器、工具和设备安全无害,保持清洁,防止污染,保证食用农产品质量安全所需的温度、湿度和环境等特殊要求，不得将食用农产品与有毒、有害物品一同贮存；

（四）贮存肉类冻品应当查验并留存检疫合格证明、肉类检验合格证明等证明文件；

（五）贮存进口食用农产品，应当查验并记录出入境检验检疫部门出具的入境货物检验检疫证明等证明文件；

（六）定期检查库存食用农产品，发现销售者有违法行为的，应当及时制止并立即报告所在地县级食品药品监督管理部门；

（七）法律、法规规定的其他义务。

第二十九条 销售者自行运输或者委托承运人运输食用农产品的，运输容器、工具和设备应当安全无害，保持清洁，防止污染，并符合保证食用农产品质量安全所需的温度、湿度和环境等特殊要求，不得将食用农产品与有毒、有害物品一同运输。

承运人应当按照有关部门的规定履行相关食品安全义务。

第三十条 销售企业应当建立健全食用农产品质量安全管理制度，配备必要的食品安全管理人员，对职工进行食品安全知识培训，制定食品安全事故处置方案，依法从事食用农产品销售活动。

鼓励销售企业配备相应的检验设备和检验人员，加强食用农产品检验工作。

第三十一条 销售者应当建立食用农产品质量安全自查制度，定期对食用农产品质量安全情况进行检查，发现不符合食用农产品质量安全要求的，应当立即停止销售并采取整改措施；有发生食品安全事故潜在风险的，应当立即停止销售并向所在地县级食品药品监督管理部门报告。

第三十二条 销售按照规定应当包装或者附加标签的食用农产品，在包装或者附加标签后方可销售。包装或者标签上应当按照规定标注食用农产品名称、产地、生产者、生产日期等内容；对保质期有要求的，应当标注保质期；保质期与贮藏条件有关的，应当予以标明；有分级标准或者使用食品添加剂的，应当标明产品质量等级或者食品添加剂名称。

食用农产品标签所用文字应当使用规范的中文，标注的内容应当清楚、明显，不得含有虚假、错误或者其他误导性内容。

第三十三条 销售获得无公害农产品、绿色食品、有机农产品等认证的食用农产品以及省级以上农业行政部门规定的其他需要包装销售的食用农产品应当包装，并标注相应标志和发证机构，鲜活畜、禽、水产品等除外。

第三十四条 销售未包装的食用农产品，应当在摊位（柜台）明显位置如实公布食用农产品名称、产地、生产者或者销售者名称或者姓名等信息。

鼓励采取附加标签、标示带、说明书等方式标明食用农产名称、产地、生产者或者销售者名称或者姓名、保存条件以及最佳食用期等内容。

第三十五条 进口食用农产品的包装或者标签应当符合我国法律、行政法规的规定和食品安全国家标准的要求，并载明原产地，境内代理商的名称、地址、联系方式。

进口鲜冻肉类产品的包装应当标明产品名称、原产国（地区）、生产企业名称、地址以及企业注册号、生产批号；外包装上应当以中文标明规格、产地、目的地、生产日期、保质期、储存温度等内容。

分装销售的进口食用农产品，应当在包装上保留原进口食用农产品全部信息以及分装企业、分装时间、地点、保质期等信息。

第三十六条 销售者发现其销售的食用农产品不符合食品安全标准或者有证据证明可能危害人体健康的，应当立即停止销售，通知相关生产经营者、消费者，并记录停止销售和通知情况。

由于销售者的原因造成其销售的食用农产品不符合食品安全标准或者有证据证明可能危害人体健康的，销售者应当召回。

对于停止销售的食用农产品，销售者应当按照要求采取无害化处理、销毁等措施，防止其再次流入市场。但是，因标签、标志或者说明书不符合食品安全标准而被召回的食用农产品，在采取补救措施且能保证食用农产品质量安全的情况下可以继续销售；销售时应当向消费者明示补救措施。

集中交易市场开办者、销售者应当将食用农产品停止销售、召回和处理情况向所在地县级食品药品监督管理部门报告，配合政府有关部门根据有关法律法规进行处理，并记录相关情况。

集中交易市场开办者、销售者未依照本办法停止销售或者召回的,县级以上地方食品药品监督管理部门可以责令其停止销售或者召回。

第四章 监督管理

第三十七条 县级以上地方食品药品监督管理部门应当按照当地人民政府制定的本行政区域食品安全年度监督管理计划,开展食用农产品市场销售质量安全监督管理工作。

市、县级食品药品监督管理部门应当根据年度监督检查计划、食用农产品风险程度等,确定监督检查的重点、方式和频次,对本行政区域的集中交易市场开办者、销售者、贮存服务提供者进行日常监督检查。

第三十八条 市、县级食品药品监督管理部门按照地方政府属地管理要求,可以依法采取下列措施,对集中交易市场开办者、销售者、贮存服务提供者遵守本办法情况进行日常监督检查:

(一)对食用农产品销售、贮存和运输等场所进行现场检查;

(二)对食用农产品进行抽样检验;

(三)向当事人和其他有关人员调查了解与食用农产品销售活动和质量安全有关的情况;

(四)检查食用农产品进货查验记录制度落实情况,查阅、复制与食用农产品质量安全有关的记录、协议、发票以及其他资料;

（五）对有证据证明不符合食品安全标准或者有证据证明存在质量安全隐患以及用于违法生产经营的食用农产品，有权查封、扣押、监督销毁；

（六）查封违法从事食用农产品销售活动的场所。

集中交易市场开办者、销售者、贮存服务提供者对食品药品监督管理部门实施的监督检查应当予以配合，不得拒绝、阻挠、干涉。

第三十九条 市、县级食品药品监督管理部门应当建立本行政区域集中交易市场开办者、销售者、贮存服务提供者食品安全信用档案，如实记录日常监督检查结果、违法行为查处等情况，依法向社会公布并实时更新。对有不良信用记录的集中交易市场开办者、销售者、贮存服务提供者增加监督检查频次；将违法行为情节严重的集中交易市场开办者、销售者、贮存服务提供者及其主要负责人和其他直接责任人的相关信息，列入严重违法者名单，并予以公布。

市、县级食品药品监督管理部门应当逐步建立销售者市场准入前信用承诺制度，要求销售者以规范格式向社会作出公开承诺，如存在违法失信销售行为将自愿接受信用惩戒。信用承诺纳入销售者信用档案，接受社会监督，并作为事中事后监督管理的参考。

第四十条 食用农产品在销售过程中存在质量安全隐患，未及时采取有效措施消除的，市、县级食品药品监督管理部门可以对集中交易市场开办者、销售者、贮存服务提供者的法定代表人或者主要负责人进行责任约谈。

被约谈者无正当理由拒不按时参加约谈或者未按要求落实整改的,食品药品监督管理部门应当记入集中交易市场开办者、销售者、贮存服务提供者食品安全信用档案。

第四十一条　县级以上地方食品药品监督管理部门应当将食用农产品监督抽检纳入年度检验检测工作计划,对食用农产品进行定期或者不定期抽样检验,并依据有关规定公布检验结果。

市、县级食品药品监督管理部门可以采用国家规定的快速检测方法对食用农产品质量安全进行抽查检测,抽查检测结果表明食用农产品可能存在质量安全隐患的,销售者应当暂停销售;抽查检测结果确定食用农产品不符合食品安全标准的,可以作为行政处罚的依据。

被抽查人对快速检测结果有异议的,可以自收到检测结果时起4小时内申请复检。复检结论仍不合格的,复检费用由申请人承担。复检不得采用快速检测方法。

第四十二条　市、县级食品药品监督管理部门应当依据职责公布食用农产品监督管理信息。

公布食用农产品监督管理信息,应当做到准确、及时、客观,并进行必要的解释说明,避免误导消费者和社会舆论。

第四十三条　市、县级食品药品监督管理部门发现批发市场有本办法禁止销售的食用农产品,在依法处理的同时,应当及时追查食用农产品来源和流向,查明原因、控制风险并报告上级食品药品监督管理部门,同时通报所涉地同级食品药品监督管理部门;涉及种植养殖和进出口环节的,还应当通报相关农业行政部门和出入境检验检疫部门。

第四十四条 市、县级食品药品监督管理部门发现超出其管辖范围的食用农产品质量安全案件线索，应当及时移送有管辖权的食品药品监督管理部门。

第四十五条 县级以上地方食品药品监督管理部门在监督管理中发现食用农产品质量安全事故，或者接到有关食用农产品质量安全事故的举报，应当立即会同相关部门进行调查处理，采取措施防止或者减少社会危害，按照应急预案的规定报告当地人民政府和上级食品药品监督管理部门，并在当地人民政府统一领导下及时开展调查处理。

第五章　法律责任

第四十六条 食用农产品市场销售质量安全的违法行为，食品安全法等法律法规已有规定的，依照其规定。

第四十七条 集中交易市场开办者违反本办法第九条至第十二条、第十六条第二款、第十七条规定，有下列情形之一的，由县级以上食品药品监督管理部门责令改正，给予警告；拒不改正的，处5000元以上3万元以下罚款：

（一）未建立或者落实食品安全管理制度的；

（二）未按要求配备食品安全管理人员、专业技术人员，或者未组织食品安全知识培训的；

（三）未制定食品安全事故处置方案的；

（四）未按食用农产品类别实行分区销售的；

（五）环境、设施、设备等不符合有关食用农产品质量安全要求的；

（六）未按要求建立入场销售者档案，或者未按要求保存和更新销售者档案的；

（七）未如实向所在地县级食品药品监督管理部门报告市场基本信息的；

（八）未查验并留存入场销售者的社会信用代码或者身份证复印件、食用农产品产地证明或者购货凭证、合格证明文件的；

（九）未进行抽样检验或者快速检测，允许无法提供食用农产品产地证明或者购货凭证、合格证明文件的销售者入场销售的；

（十）发现食用农产品不符合食品安全标准等违法行为，未依照集中交易市场管理规定或者与销售者签订的协议处理的；

（十一）未在醒目位置及时公布食用农产品质量安全管理制度、食品安全管理人员、食用农产品抽样检验结果以及不合格食用农产品处理结果、投诉举报电话等信息的。

第四十八条　批发市场开办者违反本办法第十八条第一款、第二十条规定，未与入场销售者签订食用农产品质量安全协议，或者未印制统一格式的食用农产品销售凭证的，由县级以上食品药品监督管理部门责令改正，给予警告；拒不改正的，处1万元以上3万元以下罚款。

第四十九条　销售者违反本办法第二十四条第二款规定，未按要求配备与销售品种相适应的冷藏、冷冻设施，或者温度、湿度和环境等不符合特殊要求的，由县级以上食品药品监督管理部门责令改正，给予警告；拒不改正的，处5000元以上3万元以下罚款。

第五十条　销售者违反本办法第二十五条第一项、第五项、第六项、第十一项规定的，由县级以上食品药品监督管理部门依照食品安全法第一百二十三条第一款的规定给予处罚。

违反本办法第二十五条第二项、第三项、第四项、第十项规定的，由县级以上食品药品监督管理部门依照食品安全法第一百二十四条第一款的规定给予处罚。

违反本办法第二十五条第七项、第十二项规定，销售未按规定进行检验的肉类，或者销售标注虚假的食用农产品产地、生产者名称、生产者地址，标注伪造、冒用的认证标志等质量标志的食用农产品的，由县级以上食品药品监督管理部门责令改正，处1万元以上3万元以下罚款。

违反本办法第二十五条第八项、第九项规定的，由县级以上食品药品监督管理部门依照食品安全法第一百二十五条第一款的规定给予处罚。

第五十一条　销售者违反本办法第二十八条第一款规定，未按要求选择贮存服务提供者，或者贮存服务提供者违反本办法第二十八条第二款规定，未履行食用农产品贮存相关义务的，由县级以上食品药品监督管理部门责令改正，给予警告；拒不改正的，处5000元以上3万元以下罚款。

第五十二条　销售者违反本办法第三十二条、第三十三条、第三十五条规定，未按要求进行包装或者附加标签的，由县级以上食品药品监督管理部门责令改正，给予警告；拒不改正的，处5000元以上3万元以下罚款。

第五十三条　销售者违反本办法第三十四条第一款规定，未按要求公布食用农产品相关信息的，由县级以上食品药品监督管理部门责令改正，给予警告；拒不改正的，处5000元以上1万元以下罚款。

第五十四条　销售者履行了本办法规定的食用农产品进货查验等义务，有充分证据证明其不知道所采购的食用农产品不符合食品安全标准，并能如实说明其进货来源的，可以免予处罚，但应当依法没收其不符合食品安全标准的食用农产品；造成人身、财产或者其他损害的，依法承担赔偿责任。

第五十五条　县级以上地方食品药品监督管理部门不履行食用农产品质量安全监督管理职责，或者滥用职权、玩忽职守、徇私舞弊的，依法追究直接负责的主管人员和其他直接责任人员的行政责任。

第五十六条　违法销售食用农产品涉嫌犯罪的，由县级以上地方食品药品监督管理部门依法移交公安机关追究刑事责任。

第六章　附　则

第五十七条　本办法下列用语的含义：

食用农产品，指在农业活动中获得的供人食用的植物、动物、微生物及其产品。农业活动，指传统的种植、养殖、采摘、捕捞等农业活动，以及设施农业、生物工程等现代农业活动。植物、动物、微生物及其产品,指在农业活动中直接获得的,以及经过分拣、去皮、剥壳、干燥、粉碎、清洗、切割、冷冻、打蜡、分级、包装等加工,但未改变其基本自然性状和化学性质的产品。

食用农产品集中交易市场开办者,指依法设立、为食用农产品交易提供平台、场地、设施、服务以及日常管理的企业法人或者其他组织。

第五十八条 柜台出租者和展销会举办者销售食用农产品的,参照本办法对集中交易市场开办者的规定执行。

第五十九条 食品摊贩等销售食用农产品的具体管理规定由省、自治区、直辖市制定。

第六十条 本办法自2016年3月1日起施行。

关于进一步加强农产品质量安全管理工作的意见

农市发〔2004〕15号

各省、自治区、直辖市及计划单列市农业（农林、农牧、农林渔业）、畜牧兽医、渔业、农垦、农机化、乡镇企业、饲料工业主管厅（局、委、办），新疆生产建设兵团农业局，中国农业（热带农业、水产）科学院，农业系统各有关质检中心：

加强农产品质量安全管理，是新世纪新阶段提高农业综合生产能力、增强农产品市场竞争力的必然要求，是加快发展优质、高产、高效、生态、安全农产品生产，建设现代农业的重要举措，是坚持以人为本、对人民负责的具体体现。近年来，在各地及有关部门的大力支持和配合下，"无公害食品行动计划"全面推进，有力地带动了农产品质量安全管理各项工作的深入开展，我国农产品质量安全整体状况明显改善。但是，由于基础薄弱，起步较晚，农产品质量安全全过程监管能力仍不能适应形势发展的要求。为认真贯彻落实《国务院关于进一步加强食品安全工作的决定》（国发〔2004〕23号）精神，在更高水平、更深层次上进一步加强农产品质量安全管理工作，现提出如下意见：

一、指导思想与工作原则

（一）指导思想。以党的十六大及十六届三中、四中全会精神为指导，以提高我国农产品质量安全水平和国内外市场竞争力为目标，以深化"无公害食品行动计划"为主线，科学把握和遵循农产品质量安全管理工作规律，在夯实农产品质量安全基础体系建设的基础上，通过重点加快农产品标准化生产能力、农业投入品监管能力、农产品质量安全例行监测能力、农产品质量安全追溯能力和农产品质量安全技术创新能力建设，力争在较短的时间内全面提升农产品质量安全管理能力和水平，确保农产品安全生产和放心消费。

（二）工作原则。一是坚持以点带面。在注重整体部署、统一规范的前提下，从各地实际出发，积极探索，大胆创新，发现规律，指导全局。二是坚持体系建设与工作推进并重。在全面开展农产品质量安全各项管理工作的同时，要继续强化标准体系、检验检测体系和认证体系等基础体系建设，为农产品质量安全管理工作的长远发展提供有力支撑。三是坚持农产品全程质量安全监管。把农产品产地环境控制、农产品生产管理、农业投入品监管、农产品市场准入等监管环节有机结合起来，提升从农田到市场的全过程质量安全溯源监管能力。

二、工作重点

（一）加强农业标准化生产能力建设。要通过大力推进农业标准化工作，提高农业生产全过程监管能力。切实加大农业标准化示范、推广、宣传和培训工作力度，普及农业标准化知识，引导农产品生产者和经营者按标准组织生产、加工和销售。各级农业技术推广机构应及时调整工作重点，扩展工作领域，把推广种养殖生产、加工、储运、包装等标准化技术作为新时期农业技术推广的重要内容。积极推进农产品标准化生产示范区、无公害农产品生产示范基地、示范农场、优势（出口）农产品生产基地、农产品非疫区和无规定动物疫病区建设，进一步扩大标准化示范区的数量和规模，规范示范区建设，提高示范区的辐射力和影响力。充分发挥龙头企业、农村经济合作组织的积极性和创造性，探索创新管理模式。把实施农业标准化与农产品认证工作结合起来，突出重点，分类指导，加快优势农产品示范基地、无公害农产品生产示范基地、农产品标准化生产示范区的产地认定和产品认证进程。

（二）加强农业投入品监管能力建设。要严格农业投入品的市场准入管理。深入开展农药及农药残留、兽药及畜禽产品违禁药物滥用、水产品药物残留三个专项整治工作，将农业投入品监管与农产品质量安全管理有机结合起来。进一步健全农药、兽药、饲料及饲料添加剂等重要农业投入品质量监测制度，完善标签、标识等监管手段，依法对农业投入品进行质量安全检查，坚决打击制售和使用假冒伪劣农业投入品行为。推进现代流通方式，鼓励采用连锁经营等形式，提高优质投入品的市场占有率。加快开发和推广使用安全高效农药、兽药等农业投入品新产品，加快对高残毒农业投入品的禁用、限用和淘汰进程。普及化肥、农药、兽药、饲料及饲料添加剂、施药机具和植物生长调节剂等农业投入品的安全使用知识，指导农民科学用药、合理施肥。

（三）加强农产品质量安全例行监测能力建设。要建立健全农产品质量安全例行监测制度，定期发布农产品农药残留、兽药残留等质量安全监测信息。农业部坚持并完善全国性种植业产品农药残留、畜产品中药物残留及"瘦肉精"等违禁药品使用、水产品中药物残留等农产品质量安全状况的例行监测工作，健全全国性农产品质量安全信息发布制度。省级农业行政主管部门要抓紧建立健全适宜本区域的农产品质量安全例行监测制度，确定重点监测品种和区域，开展对主要农产品生产基地、批发市场、农贸市场和超市的例行监测工作，并逐步定期发布本区域的监测信息，同时报农业部。要充分发挥舆论监督和社会监督的作用。对农产品质量安全问题突出的地区，加大跟踪督查力度，促进落实整改措施。

（四）加强农产品质量安全追溯能力建设。强化农产品质量安全追溯管理工作，逐步实现生产记录可存储、产品流向可追踪、储运信息可查询。结合优势农产品生产基地、标准化生产基地和无公害农产品生产示范基地建设，探索推广农产品生产档案登记制度。要积极创造条件，逐步实现在农产品生产、加工、包装、运输、储藏及市场销售等各个环节，建立完备的质量安全档案记录和农产品标签管理制度，把产品标签与农产品认证标志、地理标志、产品商标等结合起来，逐步形成产销区一体化的农产品质量安全追溯信息网络。

（五）加强农产品质量安全技术创新能力建设。深入开展农药残留、兽药残留以及各类有毒有害物质在农产品中的残留限量研究，加快动植物安全生产技术、农产品质量安全检测技术、检验检测仪器的研制开发，加强农产品质量安全的风险评估研究。全面实施农产品质量安全人才培养计划。实施"百千万人才培训工程",重点培养百名熟练掌握高精尖检验检测技术、能够承担参与 WHO(世界卫生组织)、FAO(联合国粮食及农业组织)、CAC(国际食品法典委员会)、IPPC(国际植物保护公约组织)等有关国际组织标准化活动以及熟悉监督管理工作的高级人才,培养千名农产品质量安全管理骨干,培训万名农产品质量安全技术推广人员。

三、工作措施

(一)深入推进"无公害食品行动计划"。要加快《农产品质量安全法》立法工作,完善相关法规和管理制度建设。加大农产品质量安全监管试点工作力度,积极探索开展农产品质量安全管理工作的有效途径。加强农产品质量安全管理队伍和技术队伍建设,提高管理能力和整体素质。及时宣传各地在农产品质量安全管理工作中的好经验、好做法,推动农产品质量安全工作整体推进。各地要在认真分析总结近几年工作的基础上,采取有针对性的措施,解决当前制约农产品质量安全水平进一步提高的难点和重点问题,推进"无公害食品行动计划"深入实施。

(二)大力加强农产品产地环境管理。要逐步建立产地(包括养殖场、养殖水面)环境监测与评价制度。创造条件对农产品产地进行统一评价,划定无公害农产品、绿色食品、有机食品适宜生产区和限制生产区,并与产地认定工作结合起来。

(三)继续加快农产品质量安全标准体系建设。建立农业标准化技术委员会和专家组,建立健全农业质量标准体系。农业行业标准和国家标准的制定重点是农产品公平贸易标准、市场准入标准、资源环境保护标准、农业基础标准、农业方法标准，以及主要农产品生产准则等通用类标准。农业地方标准的制定重点是地方土特产品标准和具体产品的生产技术规程类标准。要充分发挥科研院所、大专院校、农业技术推广服务等技术机构在农业标准制修定及农业标准化实施中的作用。

（四）尽快健全农产品质量安全检验检测体系。要结合各地实际，充分利用现有的检测力量，科学进行规划，合理配置资源，不搞重复建设，避免资源浪费。以完善检验检测手段、提升检验检测能力和技术水平为重点，健全农产品质量安全检验检测体系建设，满足农产品生产全过程监管需要。充分利用现代化、信息化技术手段，逐步提高质检机构信息化水平，实现检测信息共享。

（五）认真开展农产品质量安全认证工作。要尽快形成以无公害农产品认证为主体，以绿色食品、有机食品及农业投入品认证为补充的认证体系和工作格局。农业生产过程要逐步形成以 GAP 认证为主，兽药生产以 GMP 认证为主，饲料及饲料添加剂生产、农产品加工以 HACCP 认证为主，农业投入品以强制性认证为主的认证体系和工作格局。进一步规范认证行为，在积极增加产品认证数量的同时，加强认证标识的管理，强化对认证产品的监督检查，保证认证产品的质量水平和信誉。

（六）抓紧建立健全农产品市场准入制度。加强与各有关部门的协调和配合，结合农产品产地认定和产品标识认证管理，积极推进农产品质量安全市场准入制度。鼓励和支持生产基地和批发市场建立自律性检测制度。鼓励批发市场、农贸市场和超市与生产基地建立产销合作机制，推行连锁经营和直销配送。积极开展对农产品生产、加工、运销环节等各环节的监管，使农产品准出与准入制度紧密联结。推进农业品牌战略，加快推行农产品分级包装上市。凡列入农业转基因生物标识管理目录的产品，要严格按规定进行标识或标注。

（七）充分调动和发挥社会各方面的积极性。要在强化政府监管的同时，注重调动社会力量参与农产品质量安全监管工作，创造良好的环境和氛围。更新管理理念，创新管理方式，发挥行业协会和中介组织在农产品质量安全管理、农业标准化实施等方面的作用。不断摸索经验，建立健全政府主导、行业协同、公众参与的农产品质量安全管理格局。

四、组织保障

（一）切实加强领导。各级农业行政主管部门要深入学习和贯彻国发〔2004〕23号文件精神，高度重视农产品质量安全工作，尽快健全农产品质量安全管理工作机制，把做好农产品安全生产，确保放心消费，作为提高各级农业行政部门执政能力的重大任务，切实承担起农产品质量安全监管职责。明确各单位责任，形成工作合力。克服畏难情绪，积极创造条件，勇于创新，大胆实践。

（二）健全责任制度。要按照责权一致的原则，建立农产品质量安全监管责任制和责任追究制。各级农业行政主管领导对本地区农产品的质量安全生产负主要责任。产区与销区农业行政主管部门要加强协作，积极沟通，各有侧重，形成相互支持的工作机制，切实做好农产品质量安全管理工作。

（三）增加资金投入。各级农业行政主管部门应制定本地区农产品质量安全管理工作规划和年度计划，积极争取计划、财务部门的支持，加大农产品安全生产、农业标准制定、产地认定、产品认证、检验检测体系建设、产品例行监测等工作投入力度，确保农产品质量安全管理各项工作的正常开展。

二〇〇四年十二月八日

关于进一步加强农产品等市场监管工作的意见

工商市字〔2011〕109号

各省、自治区、直辖市工商行政管理局：

近年来，各级工商行政管理机关在市场监管中努力做到监管与发展、与服务、与维权、与执法相统一，切实加强农产品市场监管工作，集中力量开展猪肉市场和"限塑"专项整治，积极推进创建"诚信市场"和"文明集市"活动，市场监管工作力度不断加大，市场监管制度得到进一步完善，市场秩序得到进一步好转。为深入贯彻落实全国工商行政管理工作会议精神，努力做到"五个更加"，现就充分发挥工商职能作用，进一步加强农产品等市场监管工作提出如下意见：

一、提高思想认识，进一步增强加强农产品等市场监管工作的紧迫感、责任感

近期，市场中出现了一些新问题：水果、蔬菜农药残留超标，含"瘦肉精"猪肉，超薄塑料购物袋，市场消费环境更加复杂，市场监管任务更加艰巨。新的形势对现阶段工商机关市场监管工作提出了新的要求，需要深入研究、积极作为，要从保障人民群众身体健康、维护社会和谐稳定的高度，充分认识到做好加强农产品等市场监管的重要性和紧迫性，切实增强大局意识、政治意识和使命感、责任感，把思想和认识统一到党中央、国务院对市场监管的重大部署上来，把行动统一到全国

工商行政管理工作会议的要求上来，认真做好农产品等市场监管工作，进一步加大市场监管工作力度，创新市场监管工作机制，完善市场监管工作制度，提高市场监管工作效能，努力维护良好的市场秩序。

二、突出工作重点，进一步提高市场监管工作的针对性和实效性

（一）关于农产品市场监管工作

水果、蔬菜等农产品是广大人民群众的日常生活消费品，其质量安全事关人身健康、生命安全，要严格依照《农产品质量安全法》的有关规定，尽职尽责加强市场监管，做到不缺位、不越位，切实保障人民群众的消费安全。

1. 依法行政，严格履职。《农产品质量安全法》第三条、《食品安全法》第七十七条明确规定了农产品质量安全的监管体制和职责权限，对于农产品的质量安全监管是品种监管，而不是分段监管。工商部门依据《农产品质量安全法》第三十三条、五十条及五十二条的有关规定，负责依据有关部门在市场内的农产品质量检测结果，对农产品销售企业及农产品批发市场中的农产品销售者销售质量不合格农产品的违法违规行为进行查处。

2. 突出重点，强化监管。要加大对各类经营水果、蔬菜、禽肉等农产品批发市场、农贸市场、集贸市场的巡查力度，重点围绕农产品经营者的经营资格、经营行为等进行巡查；根据有关部门农产品质量的监督抽查结果，对农产品销售企业及农产品批发市场、农贸市场、集贸市场中的销售者销售的水果、

蔬菜等农产品含有国家禁止使用的农药、兽药或者其他化学物质的，农药、兽药等化学物质残留或者含有重金属等有毒有害物质不符合农产品质量安全标准的，含有的致病性寄生虫、微生物或者生物毒素不符合农产品质量安全标准的以及其他不符合农产品质量安全标准的，按照《农产品质量安全法》等法律法规的有关规定进行处罚。要进一步贯彻国务院通知精神，加强市场价格监管，严格依照《价格法》等法律法规的规定，积极配合物价部门，严肃查处恶意炒作、串通涨价、哄抬价格、囤积居奇等不法行为，防止农产品价格过快上涨，切实保障群众基本生活。

3. 优化服务，促进发展。要引导农产品市场开办者投资改造市场经营管理和服务的硬件设施，同时积极向当地政府建言献策，争取地方政府支持市场开办者对市场进行升级改造，不断提高市场的档次和水平；鼓励农产品批发市场和农贸市场与农产品生产企业、生产基地实行"场厂挂钩"、"场地挂钩"等制度，统筹农产品产区与销区的协调发展，减少农产品流通环节，努力降低农产品流通成本，切实稳定农产品价格。

（二）关于猪肉市场监管工作

猪肉质量直接关系到广大人民群众的身体健康，要进一步增强大局意识、政治意识和责任意识，把猪肉市场监管作为当前工作的重中之重，确保人民群众吃上"放心肉"，切实维护社会和谐稳定。

1. 严格市场准入，规范经营主体。加大市场巡查力度，对各类经营猪肉的农产品批发市场、农贸市场、集贸市场进行重点清理检查,检查市场中猪肉经营者资格是否合法有效,对无照经营的,坚决予以取缔;对超范围经营的,认真进行查处;问题严重的,限期整改,直至吊销营业执照。

2. 加强监管执法,规范经营行为。认真贯彻落实《农产品质量安全法》、《食品安全法》、《生猪屠宰管理条例》等法律法规,通过市场巡查、投诉举报、媒体反映等多种途径发现案件线索,加大案件查处力度,严厉查处猪肉经营户销售无检验检疫证明或者检验检疫不合格猪肉的违法行为。切实按照中央编办《关于进一步加强"瘦肉精"监管工作的意见》(中央编办发〔2010〕105号),严厉查处和打击经营含"瘦肉精"等不合格猪肉的违法行为。涉嫌犯罪的,一律按照国务院《行政执法机关移送涉嫌犯罪案件的规定》,及时移交公安机关追究刑事责任,增强威慑力。

3. 加强行政指导,落实管理责任。充分发挥行政指导高效、灵活、便民的特点,指导市场开办者及场内经营者认真落实经营管理责任。市场开办者要审查入场经营者的经营资格、猪肉进货渠道、检验检疫证明等,及时发现、制止和报告场内经营户的违法行为。强化场内经营者全面落实自律制度,督促场内经营者落实亮证亮照、挂牌经营制度,引导经营者完善"场地挂钩"、"场厂挂钩"等制度,确保质量安全。

(三)关于市场限塑整治工作

目前,一些地方的集贸(农贸)市场对"限塑令"的执行还不是十分到位,仍是限塑整治的薄弱环节,需要予以重点关注，坚持不懈地将市场限塑整治作为长期的任务抓紧抓好。

1. 加强宣传教育，营造良好氛围。进一步改进宣传方式，形成强有力的正面引导。继续会同有关部门，做耐心细致的宣传教育引导工作，深入宣传不合格塑料袋对环境以及人体健康的危害，增强经营者执行"限塑令"的主动性、自觉性，引导消费者转变购物习惯，争取更广泛的支持配合，强化限塑工作的群众基础。

2. 加强监管执法，严查违法行为。依法查处继续违规销售使用不合格塑料购物袋（特别是提供明显无合格标识的超薄塑料购物袋）行为，严厉处罚屡禁不止、不履行管理责任的市场开办者。在地方政府统一领导下，加强工作协调配合，建立联合执法、异地协查制度，及时互通监管执法信息，密切追踪源头和流向，强化限塑工作生产领域源头监管和全过程综合管理。

三、工作要求

（一）加强组织领导。要把加强农产品等市场监管工作作为当前工作的重中之重，抓紧抓实，抓出成效。结合本地工作实际，研究制定本地具体的工作方案，明确目标任务，落实责任分工，抓好组织实施。深入基层、市场，加强督查指导，确保各项监管措施落实到位。切实做好信息沟通，遇有重要情况和重大问题，及时报告当地政府和上级工商机关。

（二）加强教育学习。要加强执法队伍建设，积极组织开展对《农产品质量安全法》、《食品安全法》、《生猪屠宰管理条例》等法律法规和政策的学习，提高执法人员的素质，增强监管责任意识，提升依法行政和科学监管能力，努力建设一支政治上、业务上、作风上过硬的执法队伍。

（三）加强工作配合。要在当地政府的统一领导下，加强与农业、质检、商务、食药、公安等部门的协作配合，互通监管执法信息，加大联合执法、专项整治、监督检查工作力度，形成监管合力，提高监管效能。

国家工商行政管理总局

二〇一一年五月二十七日

农业检测检验检疫费用资金管理暂行办法

办财〔2012〕14号

第一条 为加强农业检测检验检疫费用资金的管理，进一步提高资金使用效益，根据《植物检疫条例》、《中华人民共和国渔业船舶检验条例》、《家畜禽防疫条例》、《兽药管理条例》、《农药管理条例》、《饲料和饲料添加剂管理条例》、《农业转基因生物安全管理条例》、《农业机械试验鉴定办法》、《中央本级项目支出预算管理办法》（财预〔2007〕38号）及其他相关规定，制定本办法。

第二条 本办法所称农业检测检验检疫费用（以下简称"检测检验检疫费"），是指用于保障农业生产和生态环境安全的财政专项资金，包括国内植物检疫费、渔业船舶和船用产品检验费、畜禽及畜禽产品防疫检疫费、进口兽药质量复核检验费、新兽药质量复核检验费、兽药委托检验费、农药实验费、新饲料添加剂质量复核检验费、饲料及饲料添加剂委托检验费、进口饲料添加剂质量复核检验费、农业转基因生物安全评价与检测、农机产品测试检验费、产品质量监督检验费等。

第三条 农业部财务司负责制定检测检验检疫费的管理制度，组织编制并审核预、决算，对预算执行履行监管职责，并根据需要组织实施专项检查。

第四条 全国农业技术推广服务中心、农业部科技发展中心、农业部农药检定所、中国兽医药品监察所、农业部农业机械试验鉴定总站、农业部渔业船舶检验局、中国动物疫病预防控制中心、中国农业科学院农业质量标准与检测技术研究所、农业部南京农业机械化研究所、中国水产科学研究院渔业机械仪器研究所等项目承担单位负责项目的预算编制、申报和执行，开展资金支付、政府采购等业务，接受农业部财务司及有关部门对预算执行的监督检查。

第五条　项目承担单位应按照农业部财务司关于编报年度部门预算的要求，根据开展农业检测检验检疫业务的合理需要，编制和申报检测检验检疫费预算。

第六条　项目承担单位所承担的项目原则上应由本单位实施，部分业务确需相关单位协作实施的，项目承担单位要与协作实施单位签订任务合同书，明确任务内容、经费预算、时间进度、人员分工等。

第七条　检测检验检疫费应严格按照预算批复，用于与农业检测检验检疫相关的各项费用，包括：国内植物检疫、渔业船舶和船用产品检验、畜禽及畜禽产品防疫检疫、兽药检验、农药实验、饲料添加剂检验、农业转基因生物安全评价与检测、农机产品测试检验、产品质量监督检验等。

（一）国内植物检疫。主要用于疫情调查处置、风险分析及相关研究，植物检疫试剂购置，必要的设备购置和维修保养，人员培训及其他有关植物检疫事业所必须的开支。

（二）渔业船舶和船用产品检验。主要用于远洋渔业船舶的检验、境外和境内部分地区内的船用产品检验、渔业船舶建造企业资质等级认可、渔业船舶设计单位资质认可、船用产品认可，图纸审查，制定检验工作规范、规程等技术法规和为此进行的调查和科学研究，购置检验工作所需的仪器、设备和通讯、船检设施，人员培训，技术开发，检验证书、检验报告及其他文件的编制、印刷，搜集、整理情报资料，建立船检档案，检验人员的劳动保护及其他有利于渔船检验事业发展的支出。

（三）畜禽及畜禽产品防疫检疫。主要用于检疫检验设施的改造更新、疫情调查、安全监测、科研经费及其他有关防疫检疫事业所必要的开支。

（四）兽药检验。主要用于兽药检验所需的消耗性材料、水、电、人工费用、设备磨损等，补充小型检验用设备、器具及用具，以及发展兽药监督检验事业有关的其他费用。

（五）农药实验。主要用于农药的田间药效试验和示范试验，对农药产品和对应登记作物进行最终残留试验和动态消解试验，提出农药登记作物上的农业规范数据及其他农药实验所必须的开支。

（六）饲料添加剂检验。主要用于样品检验的直接开支，补充小型仪器、设备维修，研究检验方法，培训人员及其他有关的开支。

（七）农业转基因生物安全评价与检测。主要用于对农业转基因生物中间试验、环境释放、生产性试验进行安全评价，组织对农业转基因生物中间试验、环境释放、生产性试验安全评价过程中进行农业转基因生物检测及其他农业转基因生物安全评价与检测所必须的开支。

（八）农机产品测试检验。主要用于根据农业机械生产者或者销售者申请，对其定型生产或者销售的农业机械产品进行推广鉴定和适用性、安全性、可靠性检测及其他农机产品测试检验所必须的开支。

（九）产品质量监督检验。主要用于国家指定范围内的救生衣产品、饲料粉碎机械产品生产许可证检验有关的开支。

第八条　项目承担单位、项目协作实施单位应当严格按照本办法规定的经费开支范围办理支出，不得用于编制内职工的基本支出费用、大型修缮购置费用、基本建设费用以及其他与农业检测检验检疫无关的支出。要严格执行国家有关财经法规，建立项目资金明细账，确保专款专用，科学、合理、有效地使用项目资金。

第九条　项目承担单位应按照部门决算编报要求，编制报送检测检验检疫费的决算。

第十条　检测检验检疫费的资金支付业务按照国库集中支付管理的有关规定执行。经费使用中涉及政府采购的，严格按照政府采购相关规定执行。

第十一条　项目承担单位应定期组织项目自查，农业部财务司组织开展重点抽查。对检查中发现的套取、挤占、挪用项目资金的行为，按照《财政违法行为处罚处分条例》等有关法律法规给予处罚。

第十二条　本办法由农业部财务司负责解释。

第十三条　本办法自发布之日起施行。

农产品产地安全管理办法

中华人民共和国农业部令

第 71 号

《农产品产地安全管理办法》业经 2006 年 9 月 30 日农业部第 25 次常务会议审议通过,现予公布,自 2006 年 11 月 1 日起施行。

农业部部长

二〇〇六年十月十七日

第一章 总 则

第一条 为加强农产品产地管理,改善产地条件,保障产地安全,依据《中华人民共和国农产品质量安全法》,制定本办法。

第二条 本办法所称农产品产地,是指植物、动物、微生物及其产品生产的相关区域。

本办法所称农产品产地安全,是指农产品产地的土壤、水体和大气环境质量等符合生产质量安全农产品要求。

第三条　农业部负责全国农产品产地安全的监督管理。

县级以上地方人民政府农业行政主管部门负责本行政区域内农产品产地的划分和监督管理。

第二章　产地监测与评价

第四条　县级以上人民政府农业行政主管部门应当建立健全农产品产地安全监测管理制度,加强农产品产地安全调查、监测和评价工作,编制农产品产地安全状况及发展趋势年度报告,并报上级农业行政主管部门备案。

第五条　省级以上人民政府农业行政主管部门应当在下列地区分别设置国家和省级监测点,监控农产品产地安全变化动态,指导农产品产地安全管理和保护工作。

（一）工矿企业周边的农产品生产区;

（二）污水灌溉区;

（三）大中城市郊区农产品生产区;

（四）重要农产品生产区;

（五）其他需要监测的区域。

第六条　农产品产地安全调查、监测和评价应当执行国家有关标准等技术规范。

监测点的设置、变更、撤销应当通过专家论证。

第七条 县级以上人民政府农业行政主管部门应当加强农产品产地安全信息统计工作，健全农产品产地安全监测档案。

监测档案应当准确记载产地安全变化状况，并长期保存。

第三章 禁止生产区划定与调整

第八条 农产品产地有毒有害物质不符合产地安全标准，并导致农产品中有毒有害物质不符合农产品质量安全标准的，应当划定为农产品禁止生产区。

禁止生产食用农产品的区域可以生产非食用农产品。

第九条 符合本办法第八条规定情形的，由县级以上地方人民政府农业行政主管部门提出划定禁止生产区的建议，报省级农业行政主管部门。省级农业行政主管部门应当组织专家论证，并附具下列材料报本级人民政府批准后公布。

（一）产地安全监测结果和农产品检测结果；

（二）产地安全监测评价报告，包括产地污染原因分析、产地与农产品污染的相关性分析、评价方法与结论等；

（三）专家论证报告；

（四）农业生产结构调整及相关处理措施的建议。

第十条 禁止生产区划定后，不得改变耕地、基本农田的性质，不得降低农用地征地补偿标准。

第十一条 县级人民政府农业行政主管部门应当在禁止生产区设置标示牌，载明禁止生产区地点、四至范围、面积、禁止生产的农产品种类、主要污染物种类、批准单位、立牌日期等。

任何单位和个人不得擅自移动和损毁标示牌。

第十二条　禁止生产区安全状况改善并符合相关标准的，县级以上地方人民政府农业行政主管部门应当及时提出调整建议。

禁止生产区的调整依照本办法第九条的规定执行。禁止生产区调整的，应当变更标示牌内容或者撤除标示牌。

第十三条　县级以上地方人民政府农业行政主管部门应当及时将本行政区域内农产品禁止生产区划定与调整结果逐级上报农业部备案。

第四章　产地保护

第十四条　县级以上人民政府农业行政主管部门应当推广清洁生产技术和方法，发展生态农业。

第十五条　县级以上地方人民政府农业行政主管部门应当制定农产品产地污染防治与保护规划，并纳入本地农业和农村经济发展规划。

第十六条　县级以上人民政府农业行政主管部门应当采取生物、化学、工程等措施，对农产品禁止生产区和有毒有害物质不符合产地安全标准的其他农产品生产区域进行修复和治理。

第十七条　县级以上人民政府农业行政主管部门应当采取措施，加强产地污染修复和治理的科学研究、技术推广、宣传培训工作。

第十八条　农业建设项目的环境影响评价文件应当经县级

以上人民政府农业行政主管部门依法审核后,报有关部门审批。

已经建成的企业或者项目污染农产品产地的,当地人民政府农业行政主管部门应当报请本级人民政府采取措施,减少或消除污染危害。

第十九条 任何单位和个人不得在禁止生产区生产、捕捞、采集禁止的食用农产品和建立农产品生产基地。

第二十条 禁止任何单位和个人向农产品产地排放或者倾倒废气、废水、固体废物或者其他有毒有害物质。

禁止在农产品产地堆放、贮存、处置工业固体废物。在农产品产地周围堆放、贮存、处置工业固体废物的,应当采取有效措施,防止对农产品产地安全造成危害。

第二十一条 任何单位和个人提供或者使用农业用水和用作肥料的城镇垃圾、污泥等固体废物,应当经过无害化处理并符合国家有关标准。

第二十二条 农产品生产者应当合理使用肥料、农药、兽药、饲料和饲料添加剂、农用薄膜等农业投入品。禁止使用国家明令禁止、淘汰的或者未经许可的农业投入品。

农产品生产者应当及时清除、回收农用薄膜、农业投入品包装物等,防止污染农产品产地环境。

第五章 监督检查

第二十三条 县级以上人民政府农业行政主管部门负责农产品产地安全的监督检查。

农业行政执法人员履行监督检查职责时,应当向被检查单位或者个人出示行政执法证件。有关单位或者个人应当如实提供有关情况和资料,不得拒绝检查或者提供虚假情况。

第二十四条 县级以上人民政府农业行政主管部门发现农产品产地受到污染威胁时,应当责令致害单位或者个人采取措施,减少或者消除污染威胁。有关单位或者个人拒不采取措施的,应当报请本级人民政府处理。

农产品产地发生污染事故时,县级以上人民政府农业行政主管部门应当依法调查处理。

发生农业环境污染突发事件时,应当依照农业环境污染突发事件应急预案的规定处理。

第二十五条 产地安全监测和监督检查经费应当纳入本级人民政府农业行政主管部门年度预算。开展产地安全监测和监督检查不得向被检查单位或者个人收取任何费用。

第二十六条 违反《中华人民共和国农产品质量安全法》和本办法规定的划定标准和程序划定的禁止生产区无效。

违反本办法规定,擅自移动、损毁禁止生产区标牌的,由县级以上地方人民政府农业行政主管部门责令限期改正,可处以一千元以下罚款。

其他违反本办法规定的,依照有关法律法规处罚。

第六章 附 则

第二十七条 本办法自 2006 年 11 月 1 日起施行。

附 录

鱼类产地检疫规程（试行）

农业部关于印发
《鱼类产地检疫规程（试行）》等3个规程的通知
农渔发〔2011〕6号

为规范水产苗种产地检疫，按照《中华人民共和国动物防疫法》、《动物检疫管理办法》规定，我部制定了《鱼类产地检疫规程（试行）》、《甲壳类产地检疫规程（试行）》和《贝类产地检疫规程（试行）》，现印发给你们，请遵照执行。

二〇一一年三月十七日

1. 适用范围

本规程规定了鱼类产地检疫的检疫对象、检疫范围、检疫合格标准、检疫程序、检疫结果处理和检疫记录。

本规程适用于中华人民共和国境内鱼类的产地检疫。

2. 检疫对象及检疫范围

检疫对象及其相应的检疫范围如下表：

类别检疫对象检疫范围

1. 淡水鱼鲤春病毒血症鲤鱼、锦鲤、金鱼等鲤科鱼类

草鱼出血病青鱼、草鱼

锦鲤疱疹病毒病鲤、锦鲤

斑点叉尾鮰病毒病斑点叉尾鮰

传染性造血器官坏死病虹鳟等冷水性鲑科鱼类

小瓜虫病淡水鱼类

2. 海水鱼刺激隐核虫病海水鱼类

3. 检疫合格标准

3.1 该养殖场近期未发生相关水生动物疫情。

3.2 临床健康检查合格。

3.3 本规程规定需要经水生动物疫病诊断实验室检验的，检验结果合格。

4. 检疫程序

4.1 申报点设置

县级渔业主管部门（或其所属的水生动物卫生监督机构，下同）应当根据水生动物产地检疫工作需要，合理设置水生动物检疫申报点，并向社会公布。

4.2 申报受理

申报检疫采取申报点填报、传真、电话等方式申报。采用电话申报的，需在现场补填检疫申报单。

县级渔业主管部门在接到检疫申报后，根据当地相关水生

动物疫情情况，决定是否予以受理。受理的，应当及时派出官方兽医到现场或到指定地点实施检疫；不予受理的，应说明理由。县级渔业主管部门可以根据检疫工作需要，指定水生动物疾病防控专业人员协助官方兽医实施水生动物检疫。

4.3 查验相关资料和生产设施状况

4.3.1 官方兽医应当查验养殖场的《水域滩涂养殖证》、《水产养殖生产记录》等资料，检查生产设施是否符合农业部有关水生动物防疫的规定；对于从事水产苗种生产的，还应当查验《水产苗种生产许可证》。核查过去12个月内引种来源地的《动物检疫合格证明》，了解进出场、饲料、用水、疾病防治、消毒用药、疫苗和卫生管理等情况，核实养殖场过去12个月内未发生相关水生动物疫情。

4.3.2 合法捕获的野生水生动物实施检疫前，应当查验合法捕捞的相关证明材料和捕捞记录，设立的临时检疫场地应当符合下列条件：（一）与其他养殖场所有物理隔离设施；（二）具有独立的进排水和废水无害化处理设施以及专用渔具；（三）农业部规定的其他防疫条件。

4.4 临床检查

4.4.1 检查方法

4.4.1.1 群体检查。主要检查鱼类群体的游动状态、摄食情况及抽样存活率等是否正常。

4.4.1.2 个体检查。通过外观检查、解剖检查、显微镜检查等方法进行检查。

外观检查：观察体形、体色、体态的变化，体表黏液的多少，有无竖鳞、疖疮、囊肿、充血、出血、溃疡等症状，鳍条、鳞片等损伤情况，眼球有无突出、凹陷或浑浊充血等变化，鳃黏液及颜色变化，肛门有无红肿、拖便等现象，有无胞囊及其他寄生虫寄生等情况。

解剖检查：观察有无腹水，脾、肾、肝、胆、肠道、鳔、性腺、脑、肌肉等是否正常，有无寄生虫或胞囊及其他病理变化等。

显微镜检查：观察体表、鳃、肠道等部位中寄生虫感染状况，检查鱼类器官、组织病变情况。

4.4.1.3 快速试剂盒检查。应采用经农业部批准的病原快速检测试剂盒进行检测。

4.4.1.4 水质环境检查。必要时，对养殖环境进行调查，对水温、溶解氧、酸碱度、氨氮、亚硝酸盐、化学耗氧量等理化指标进行测定。

4.4.2 检查主要内容

4.4.2.1 群体检查

群体活力旺盛，逃避反应明显，体色、体态及外观正常，摄食正常，通过随机抽样进行进一步临床症状和试剂盒检查。

群体中若有活力差、逃避反应弱、体色暗淡、外观缺损、畸小、翻白、浮头、离群、晕眩、厌食的个体，优先选择其进行进一步临床症状和试剂盒检查。

4.4.2.2 个体检查

鲤春病毒血症：鲤科鱼类出现无目的漂游，体发黑，腹部肿大，皮肤和鳃出血。解剖后见到血性腹水；肠、心、肾、鳔、肌肉出血，内脏水肿。怀疑感染鲤春病毒血症。

草鱼出血病：草鱼、青鱼出现鳃盖和鳍条基部出血。解剖见肌肉点状或块状出血、肠壁充血、肝脾充血或因失血而发白。怀疑感染草鱼出血病。

锦鲤疱疹病毒病：锦鲤、鲤皮肤上出现白色块斑、水泡、溃疡，鳃出血并产生大量黏液或组织坏死，鳞片有血丝，鱼眼凹陷，一般在出现症状后 1—2 天内死亡。怀疑感染锦鲤疱疹病毒病。

斑点叉尾鲴病毒病：斑点叉尾鲴出现嗜睡、打旋或水中垂直悬挂；眼球突出，体表发黑，鳃丝发白，鳍条和肌肉出血，腹部膨大。解剖后见腹腔内有黄色腹水，肝、脾、肾出血或肿大；胃内无食物。怀疑感染斑点叉尾鲴病毒病。

传染性造血器官坏死病：虹鳟等冷水性鲑科鱼类出现昏睡或活动异常（狂暴乱窜、打转等）；体表发黑，眼球突出，腹部膨胀，皮肤和鳍条基部充血，肛门处拖着不透明或棕褐色的假管型黏液粪便。解剖后见脾、肾组织坏死，偶见肝、胰坏死，颜色苍白。怀疑感染传染性造血器官坏死病。

小瓜虫病：淡水鱼体表和鳃丝见白色点状的虫体和胞囊，同时伴有大量黏液，表皮糜烂。镜检小白点可见有马蹄形核、呈旋转运动的小瓜虫滋养体。怀疑感染小瓜虫病。

刺激隐核虫病：海水鱼类体表和鳃出现大量黏液，严重时体表形成一层混浊白膜，肉眼见鱼体和鳃有许多小白点；镜检小白点为圆形或卵圆形、体色不透明、缓慢旋转运动的虫体。

怀疑感染刺激隐核虫病。

4.4.2.3 快速试剂盒检查

按照病原快速检测试剂盒说明书进行采样和现场快速检测，样品出现试剂盒所指示的阳性反应，怀疑存在相应疫病病原。

4.4.3 临床健康检查判定

在群体和个体检查中均正常，临床健康检查合格。

在群体或个体检查中发现疫病临床症状的，临床健康检查不合格。

4.5 实验室检测

4.5.1 对怀疑患有鲤春病毒血症、锦鲤疱疹病毒病、传染性造血器官坏死病及临床检查发现其它异常情况的，应按相应疫病检测技术规范进行实验室检测，所需样品的采集按《水生动物产地检疫采样技术规范》（SC/T 7103-2008）的要求进行。

4.5.2 跨省、自治区、直辖市运输的鱼类，应按照《水生动物产地检疫采样技术规范》（SC/T 7103-2008）采样送实验室检测。但以下情况除外：（1）已纳入国家或省级水生动物疫病监测计划，过去2年内无本规程规定疫病的；（2）群体和个体检查均正常，现场采用经农业部批准的核酸扩增技术快速试剂盒进行检测，结果为阴性的。

4.5.3 实验室检测由省级渔业主管部门指定的具有资质的水生动物疫病诊断实验室承担，实验室应当出具相应的检测报告。

5. 检疫结果处理

5.1 经检疫合格的，出具《动物检疫合格证明》。

5.2 经检疫不合格的，出具《检疫处理通知单》，并按照有关规定处理。

5.2.1 可以治疗的，诊疗康复后可以重新申报检疫。

5.2.2 发现不明原因死亡或怀疑为水生动物疫情的，应按照《动物防疫法》、《重大动物疫情应急条例》和农业部相关规定处理。

5.2.3 病死水生动物应在渔业主管部门监督下，由货主按照农业部相关规定进行无害化处理。

5.3 水生动物启运前，渔业主管部门应监督货主或承运人对运载工具进行有效消毒。

5.4 跨省、自治区、直辖市引进水产苗种到达目的地后，货主或承运人应当在 24 小时内向所在地县级渔业主管部门报告，并接受监督检查。

6. 检疫记录

6.1 检疫申报单。

6.2 检疫工作记录。官方兽医须填写检疫工作记录，详细登记货主姓名、地址、检疫申报时间、检疫时间、检疫地点、检疫动物种类、数量及用途、检疫处理、检疫证明编号等，并由货主签名。

6.3 检疫申报单和检疫工作记录应保存 24 个月以上。

甲壳类产地检疫规程（试行）

农业部关于印发
《鱼类产地检疫规程（试行）》等3个规程的通知
农渔发〔2011〕6号

为规范水产苗种产地检疫，按照《中华人民共和国动物防疫法》、《动物检疫管理办法》规定，我部制定了《鱼类产地检疫规程（试行）》、《甲壳类产地检疫规程（试行）》和《贝类产地检疫规程（试行）》，现印发给你们，请遵照执行。

二〇一一年三月十七日

1. 适用范围

本规程规定了甲壳类产地检疫的检疫对象、检疫范围、检疫合格标准、检疫程序、检疫结果处理和检疫记录。

本规程适用于中华人民共和国境内甲壳类的产地检疫。

2. 检疫对象及检疫范围

检疫对象及其相应的检疫范围如下表：

类别检疫对象检疫范围

1. 虾白斑综合征对虾

桃拉综合征

传染性肌肉坏死病

罗氏沼虾白尾病罗氏沼虾

2. 蟹河蟹颤抖病河蟹

3. 检疫合格标准

3.1 该养殖场近期未发生相关水生动物疫情。

3.2 临床健康检查合格。

3.3 本规程规定需要经水生动物疫病诊断实验室检验的，检验结果合格。

4. 检疫程序

4.1 申报点设置

县级渔业主管部门（或其所属的水生动物卫生监督机构，下同）应当根据水生动物产地检疫工作需要，合理设置水生动物检疫申报点，并向社会公布。

4.2 申报受理

申报检疫采取申报点填报、传真、电话等方式申报。采用电话申报的，需在现场补填检疫申报单。

县级渔业主管部门在接到检疫申报后，根据当地相关水生动物疫情情况，决定是否予以受理。受理的，应当及时派出官方兽医到现场或到指定地点实施检疫；不予受理的，应说明理由。县级渔业主管部门可以根据检疫工作需要，指定水生动物疾病防控技术人员协助官方兽医实施水生动物检疫。

4.3 查验相关资料和生产设施状况

4.3.1 官方兽医应当查验养殖场的《水域滩涂养殖证》、《水产养殖生产记录》等资料，检查生产设施是否符合农业部有关水生动物防疫的规定；对于从事水产苗种生产的，还应当查验《水产苗种生产许可证》。核查过去12个月内引种来源地的《动物检疫合格证明》，了解进出场、饲料、用水、疾病防治、消毒用药和卫生管理等情况，核实养殖场过去12内未发生相关水生动物疫情。

4.3.2 合法捕获的野生水生动物实施检疫前，应当查验合法捕捞的相关证明材料和捕捞记录，设立的临时检疫场地应当符合下列条件：（一）与其他养殖场所有物理隔离设施；（二）具有独立的进排水和废水无害化处理设施以及专用渔具；（三）农业部规定的其他防疫条件。

4.4 临床检查

4.4.1 检查方法

4.4.1.1 群体检查。主要检查群体的游动状态、摄食情况及抽样存活率等是否正常。

4.4.1.2 个体检查。通过外观检查、解剖检查、显微镜检查等方法进行检查。

外观检查：虾主要检查体色及体表光滑及完整情况，有无附着物，有无白斑、黑斑、红体情况，附肢和触须、尾扇是否发红，有无溃烂、断残，胃肠道食物的充盈程度，鳃区有无发黄、发黑、肿胀，肌肉透明度及丰满程度等情况。蟹主要检查甲壳光滑程度、硬度，有无损伤情况，壳面有无溃疡、红色或棕色斑点，附肢断残情况，有无附着物或其他寄生虫寄生等情况。

解剖检查：虾主要检查有无烂鳃、黄鳃及黑鳃情况，甲壳与上皮结合紧密程度，头胸甲内侧是否有白色斑点，胃、肝胰腺、肌肉、性腺等的颜色、质地、大小有无变化，血淋巴颜色、浑浊度及凝固时间，有无寄生虫或胞囊及其他病理变化等。蟹主要检查有无烂鳃、黑鳃情况，肝胰腺、消化道、肌肉、生殖腺等的颜色有无变化，血淋巴颜色、浑浊度及凝固时间，有无寄生虫或胞囊及其他病理变化等。

显微镜检查：检查器官、组织病变情况。

4.3.1.3 快速试剂盒检查。应采用经农业部批准的病原快速检测试剂盒进行检测。

4.3.1.4 水质环境检查。必要时，对养殖环境进行调查，对水温、溶解氧、酸碱度、氨氮、亚硝酸盐、化学耗氧量等理化指标进行测定。

4.4.2 检查主要内容

4.4.2.1 群体检查

群体活力旺盛，逃避或反抗反应明显，体色一致，外观正常，个体大小较均匀，摄食正常，通过随机抽样进行进一步临床症状和试剂盒检查。

群体中若有活力差、逃避反应弱、体色发红、发白，外观缺损、畸小、离群、厌食的个体，在排除处于蜕壳状态的情况下，优先选择前述表现的活体或濒死个体进行进一步临床症状和试剂盒检查。

4.4.2.2 个体检查

白斑综合征：活的或濒死对虾出现体色变红或暗红，在头胸甲出现白色斑点，肠胃无食物，头胸甲易剥离，虾体瘦软，血淋巴不凝固。怀疑感染白斑综合征。

桃拉综合征：凡纳对虾出现体表淡红，尾扇和游泳足呈明显的红色，游泳足或尾足边缘上皮呈灶性坏死，甲壳下上皮出现多处随机、不规则的、黑色沉着性病灶。怀疑感染桃拉综合征。

传染性肌肉坏死病：凡纳对虾出现体色发白，腹节发红，尾部肌肉组织呈点状或扩散的坏死症状，体表有不规则黑斑。怀疑感染传染性肌肉坏死病。

罗氏沼虾白尾病：罗氏沼虾腹部肌肉出现白色或乳白色混浊块。怀疑感染罗氏沼虾白尾病。

河蟹颤抖病：中华绒螯蟹反应迟钝、行动迟缓，螯足握力减弱，摄食不积极，鳃丝呈浅棕色或黑色、排列不整齐，步足颤抖、爪尖着地，腹部悬离地面，伴有血淋巴液稀薄，凝固缓慢或不凝固。怀疑感染河蟹颤抖病。

4.4.2.3　快速试剂盒检查

按照病原快速检测试剂盒说明书进行采样和现场快速检测，样品出现试剂盒所指示的阳性反应，怀疑存在相应疫病病原。

4.4.3　临床健康检查判定

在群体和个体检查中均正常，临床健康检查合格。

在群体或个体检查中发现疫病临床症状的，临床健康检查不合格。

4.5　实验室检测

4.5.1　对怀疑患有白斑综合征、传染性肌肉坏死病及临床检查发现其他异常情况的,应按相应疫病诊断技术规范进行实验室检测,所需样品的采集应按《水生动物产地检疫采样技术规范》(SC/T 7103-2008)的要求进行。

4.5.2 跨省、自治区、直辖市运输的甲壳类的,按照《水生动物产地检疫采样技术规范》(SC/T 7103-2008)采样送实验室检测。但以下情况除外:(1)已纳入国家或省级水生动物疫病监测计划,过去2年内无本规程规定疫病的;(2)群体和个体检查均正常,现场采用经农业部批准的核酸扩增技术快速试剂盒进行检测,结果为阴性的。

4.5.3 实验室检测须由省级渔业主管部门指定的具有资质的水生动物疫病诊断实验室承担,并出具相应的检测报告。

5. 检疫结果处理

5.1 经检疫合格的,出具《动物检疫合格证明》。

5.2 经检疫不合格的,出具《检疫处理通知单》,并按照有关规定处理。

5.2.1 发现不明原因死亡或怀疑为水生动物疫情的,应按照《动物防疫法》、《重大动物疫情应急条例》和农业部相关规定处理。

5.2.2 病死水生动物应在渔业主管部门监督下,由货主按照农业部相关规定进行无害化处理。

5.3 水生动物启运前,渔业主管部门应监督货主或承运人对运载工具进行有效消毒。

5.4 跨省、自治区、直辖市引进水产苗种到达目的地后,货主或承运人应当在24小时内向所在地县级渔业主管部门报告,并接受监督检查。

6. 检疫记录

6.1 检疫申报单。

6.2 检疫工作记录。官方兽医须填写检疫工作记录,详细登记货主姓名、地址、检疫申报时间、检疫时间、检疫地点、检疫动物种类、数量及用途、检疫处理、检疫证明编号等,并由货主签名。

6.3 检疫申报单和检疫工作记录应保存24个月以上。

贝类产地检疫规程（试行）

农业部关于印发
《鱼类产地检疫规程（试行）》等3个规程的通知
农渔发〔2011〕6号

为规范水产苗种产地检疫，按照《中华人民共和国动物防疫法》、《动物检疫管理办法》规定，我部制定了《鱼类产地检疫规程（试行）》、《甲壳类产地检疫规程（试行）》和《贝类产地检疫规程（试行）》，现印发给你们，请遵照执行。

二〇一一年三月十七日

1. 适用范围

本规程规定了贝类产地检疫的检疫对象、检疫范围、检疫合格标准、检疫程序、检疫结果处理和检疫记录。

本规程适用于中华人民共和国境内贝类的产地检疫。

2. 检疫对象及检疫范围

检疫对象及其相应的检疫范围如下表：

类别检疫对象检疫范围

贝类鲍脓疱病鲍

鲍立克次体病

鲍病毒性死亡病

包纳米虫病牡蛎

折光马尔太虫病

3. 检疫合格标准

3.1 该养殖场近期未发生相关水生动物疫情。

3.2 临床健康检查合格。

3.3 本规程规定需要经水生动物疫病诊断实验室检验的，检验结果合格。

4. 检疫程序

4.1 申报点设置

县级渔业主管部门（或其所属的水生动物卫生监督机构，下同）应当根据水生动物产地检疫工作需要，合理设置水生动物检疫申报点，并向社会公布。

4.2 申报受理

申报检疫采取申报点填报、传真、电话等方式申报。采用电话申报的，需在现场补填检疫申报单。

县级渔业主管部门在接到检疫申报后，根据当地相关水生动物疫情情况，决定是否予以受理。受理的，应当及时派出官方兽医到现场或到指定地点实施检疫；不予受理的，应说明理由。县级渔业主管部门可以根据检疫工作需要，指定水生动物疾病防控技术人员协助官方兽医实施水生动物检疫。

4.3 查验相关资料和生产设施状况

4.3.1 官方兽医应当查验养殖场的《水域滩涂养殖证》、《水产养殖生产记录》等资料，检查生产设施是否符合农业部有关水生动物防疫的规定；对于从事水产苗种生产的，还应当查验《水产苗种生产许可证》。核查过去12个月内引种来源地的《动物检疫合格证明》，了解进出场、饲料、用水、疾病防治、消毒用药和卫生管理等情况，核实养殖场过去12个月内未发生相关水生动物疫情。

4.3.2 合法捕获的野生水生动物实施检疫前，应当查验合法捕捞的相关证明材料和捕捞记录，设立的临时检疫场地应当符合下列条件：（一）与其他养殖场所有物理隔离设施；（二）农业部规定的其他防疫条件。

4.4 临床检查

4.4.1 检查方法

4.4.1.1 群体检查。主要检查群体的活力、外观、生长状况、运动或附着状态、摄食情况、排泄物状态及抽样存活率等是否正常。

4.4.1.2 个体检查。通过外观检查、解剖检查、显微镜检查等方法进行检查。

外观检查：主要检查贝壳关闭情况，贝壳有无剥落或穿孔，贝壳年轮完整性，出水孔喷水或呼吸情况，斧足或足丝附着强度，刺激时斧足及出水孔收缩入壳内反应。

解剖检查：主要检查贝壳打开并暴露内脏后黏液和分泌物情况，有无异味，外套膜是否发黑、卷曲、萎缩或肿胀情况，鳃颜色及形态，内脏团及闭壳肌颜色及丰满度，胃肠内容物情况，血淋巴颜色、浑浊度及凝固时间。

显微镜检查：检查贝类器官、组织病变情况。

4.4.1.3 快速试剂盒检查。采用经农业部批准的病原快速检测试剂盒进行检测。

4.4.1.4 水质环境检查。必要时,对养殖环境进行调查,对水温、溶解氧、酸碱度、氨氮、亚硝酸盐、化学耗氧量等理化指标进行测定。

4.4.2 检查主要内容

4.4.2.1 群体检查

群体活力旺盛,自然生活时呼吸、滤水、爬行或喷水行为正常,受刺激时逃避、收斧足、闭壳等反应迅速,壳关闭或斧足吸附牢固,个体大小及重量均匀,壳纹轮线规则,不存在非正常死亡、空壳或濒死个体的群体,通过随机抽样进行进一步临床症状和试剂盒检查。

群体中若有活力差、闭壳反应弱、斧足附着不牢固、外观有缺损,个体明显偏小,重量明显偏轻的个体,优先选择前述的个体进行进一步临床症状和试剂盒检查。

4.4.2.2 个体检查

鲍脓疱病:鲍附着不牢固或脱附,足肌上有 1 到数个微微隆起的白色脓疱,破裂脓疱流出白色脓汁,并留下 2—5 毫米的孔洞。脓疱的形状基本为三角形,病灶从斧足的下表面深入到足的内部。怀疑感染鲍脓疱病。

鲍立克次体病:鲍食欲不振,虚弱和肌肉萎缩,斧足肌肉形态改变,明显萎缩。怀疑感染鲍立克次体病。

鲍病毒性死亡病:鲍附着力、避光反应和移动性减弱,食欲降低、壳薄、边缘翻卷,生长减缓,大量分泌粘液,外套膜萎缩，出现赤褐色化缺损，斧足萎缩、形成瘤状物、发黑并变硬，肝和肠道肿大，死亡率增高。怀疑感染鲍病毒性死亡病。

包纳米虫病：牡蛎鳃丝或外套膜上有黄的色变和广泛的灰白色小溃疡或较深的穿孔性溃疡。怀疑感染包纳米虫病。

折光马尔太虫病：牡蛎体征不健康、瘦弱、能量耗竭、消化腺变色、生长停滞、死亡等。怀疑感染折光马尔太虫病。

4.4.2.3 快速试剂盒检查

按照病原快速检测试剂盒说明书进行采样和现场快速检测，阴性和阳性对照反应符合要求，样品出现试剂盒所指示的阳性反应，怀疑存在相应疫病病原。

4.4.3 临床健康检查判定

在群体和个体检查中均正常，临床健康检查合格。

在群体或个体检查中发现疫病临床症状的，临床健康检查不合格。

4.5 实验室检测

4.5.1 对临床检查发现其他异常情况的，应按相应疫病诊断技术规范进行实验室检测，所需样品的采集应按《水生动物产地检疫采样技术规范》（SC/T 7103-2008）的要求进行。

4.5.2 跨省、自治区、直辖市运输的贝类的，按照《水生动物产地检疫采样技术规范》（SC/T 7103-2008）采样送实验室检测。但以下情况除外：（1）已纳入国家或省级水生动物疫病监测计划，过去2年内无本规程规定疫病的；（2）群体和个体检查均正常，现场采用经农业部批准的核酸扩增技术快速试剂盒进行检测，结果为阴性的。

4.5.3 实验室检测须由省级渔业主管部门指定的具有资质的水生动物疫病诊断实验室承担，并出具相应的检测报告。

5. 检疫结果处理

5.1 经检疫合格的，出具《动物检疫合格证明》。

5.2 经检疫不合格的，出具《检疫处理通知单》，并按照有关规定处理。

5.2.1 可以治疗的，诊疗康复后可以重新申报检疫。

5.2.2 发现不明原因死亡或怀疑为水生动物疫情的，应按照《动物防疫法》、《重大动物疫情应急条例》和农业部相关规定处理。

5.2.3 病死水生动物应在渔业主管部门监督下，由货主按照农业部相关规定进行无害化处理。

5.3 水生动物启运前，渔业主管部门应监督货主或承运人对运载工具进行有效消毒。

5.4 跨省、自治区、直辖市引进水产苗种到达目的地后，货主或承运人应当在24小时内向所在地县级渔业主管部门报告，并接受监督检查。

6. 检疫记录

6.1 检疫申报单。

6.2 检疫工作记录。官方兽医须填写检疫工作记录，详细登记货主姓名、地址、检疫申报时间、检疫时间、检疫地点、检疫动物种类、数量及用途、检疫处理、检疫证明编号等，并由货主签名。

6.3 检疫申报单和检疫工作记录应保存24个月以上。

供港澳蔬菜检验检疫监督管理办法

（2009年9月10日国家质量监督检验检疫总局令第120号发布）

第一章 总 则

第一条 为规范供港澳蔬菜检验检疫监督管理工作，保障供港澳蔬菜的质量安全和稳定供应，根据《中华人民共和国食品安全法》及其实施条例、《中华人民共和国进出口商品检验法》及其实施条例、《中华人民共和国进出境动植物检疫法》及其实施条例、《国务院关于加强食品等产品安全监督管理的特别规定》等法律、法规的规定，制定本办法。

第二条 本办法适用于供港澳新鲜和保鲜蔬菜的检验检疫监督管理工作。

第三条 国家质量监督检验检疫总局（以下简称国家质检总局）主管全国供港澳蔬菜检验检疫监督管理工作。

国家质检总局设在各地的出入境检验检疫机构（以下简称检验检疫机构）负责所辖区域供港澳蔬菜检验检疫监督管理工作。

第四条 检验检疫机构对供港澳蔬菜种植基地（以下简称种植基地）和供港澳蔬菜生产加工企业（以下简称生产加工企

业)实施备案管理。种植基地和生产加工企业应当向检验检疫机构备案。

第五条 种植基地、生产加工企业或者农民专业合作经济组织对供港澳蔬菜质量安全负责,种植基地和生产加工企业应当依照我国法律、法规、规章和食品安全标准从事种植、生产加工活动,建立健全从种植、加工到出境的全过程的质量安全控制体系和质量追溯体系,保证供港澳蔬菜符合香港或者澳门特别行政区的相关检验检疫要求。香港或者澳门特别行政区没有相关检验检疫要求的,应当符合内地相关检验检疫要求。

第六条 检验检疫机构对供港澳蔬菜种植、生产加工过程进行监督,对供港澳蔬菜进行抽检。

第七条 国家质检总局和检验检疫机构对供港澳蔬菜建立风险预警与快速反应制度。

第二章 种植基地备案与管理

第八条 检验检疫机构对种植基地实施备案管理。非备案基地的蔬菜不得作为供港澳蔬菜的加工原料,国家质检总局另有规定的小品种蔬菜除外。

第九条 种植基地、生产加工企业或者农民专业合作经济组织(以下简称种植基地备案主体)应当向种植基地所在地检验检疫机构申请种植基地备案。

对实施区域化管理的种植基地,可以由地方政府有关部门向检验检疫机构推荐备案。

第十条 申请备案的种植基地应当具备以下条件：

（一）有合法用地的证明文件；

（二）土地固定连片，周围具有天然或者人工的隔离带（网），符合各地检验检疫机构根据实际情况确定的土地面积要求；

（三）土壤和灌溉用水符合国家有关标准的要求，周边无影响蔬菜质量安全的污染源；

（四）有专门部门或者专人负责农药等农业投入品的管理，有专人管理的农业投入品存放场所；有专用的农药喷洒工具及其他农用器具；

（五）有完善的质量安全管理体系，包括组织机构、农业投入品使用管理制度、有毒有害物质监控制度等；

（六）有植物保护基本知识的专职或者兼职植保员；

（七）有农药残留检测能力。

第十一条 种植基地备案由其备案主体向基地所在地检验检疫机构提出书面申请，提交以下材料，一式二份：

（一）供港澳蔬菜种植基地备案申请表；

（二）工商营业执照的复印件；

（三）种植基地合法使用土地的有效证明文件以及种植基地示意图、平面图；

（四）种植基地负责人或者经营者、植保员身份证复印件，植保员有关资格证明或者相应学历证书复印件；

（五）种植基地质量安全管理制度；

（六）种植基地土壤和灌溉用水的检测报告。

第十二条 种植基地备案主体提交材料齐全的，检验检疫机构应当受理备案申请。

种植基地备案主体提交材料不齐全的，检验检疫机构应当当场或者在接到申请后5个工作日内一次性书面告知种植基地备案主体补正，以申请单位补正资料之日为受理日期。

检验检疫机构受理申请后，应当根据本办法第十条和第十一条的规定进行审核。审核工作应当自受理之日起10个工作日内完成。符合条件的，予以备案，按照"省（自治区、直辖市）行政区划代码+SC+五位数字"的规则进行备案编号，发放备案证书。不符合条件的，不予备案，检验检疫机构书面通知种植基地备案主体。

第十三条 种植基地负责人、植保员等发生变化的，种植基地备案主体应当自变更之日起30日内向种植基地所在地检验检疫机构申请办理种植基地备案变更手续。

种植基地备案主体更名、种植基地位置或者面积发生变化、周边环境有较大改变可能直接或者间接影响基地中种植产品质量安全的，以及有其他较大变更情况的，应当自变更之日起30日内重新申请种植基地的备案。

种植基地备案证书的有效期为4年。种植基地备案主体应当在基地备案资格有效期届满30日前向种植基地所在地检验检疫机构提出备案延续申请。

检验检疫机构按照本办法第十条和第十一条的要求进行审查。审查合格的，予以延续；不合格的，不予延续。

第十四条 种植基地备案主体应当建立供港澳蔬菜生产记录制度,如实记载下列事项:

(一)使用农业投入品的名称、来源、用法、用量、使用日期和农药安全间隔期;

(二)植物病虫害的发生和防治情况;

(三)收获日期和收获量;

(四)产品销售及流向。

生产记录应当保存 2 年。禁止伪造生产记录。

第十五条 种植基地负责人应当依照香港、澳门特别行政区或者内地食品安全标准和有关规定使用农药、肥料和生长调节剂等农业投入品,禁止采购或者使用不符合香港、澳门特别行政区或者内地食品安全标准的农业投入品。

第十六条 种植基地负责人应当为其生产的每一批供港澳蔬菜原料出具供港澳蔬菜加工原料证明文件。

第三章 生产加工企业备案与管理

第十七条 检验检疫机构对生产加工企业实施备案管理。

第十八条 申请备案的生产加工企业应当具备以下条件:

(一)企业周围无影响蔬菜质量安全的污染源,生产加工用水符合国家有关标准要求;

(二)厂区有洗手消毒、防蝇、防虫、防鼠设施,生产加工区与生活区隔离。生产加工车间面积与生产加工能力相适应,车间布局合理,排水畅通,地面用防滑、坚固、不透水的无毒材料修建;

（三）有完善的质量安全管理体系，包括组织机构、产品溯源制度、有毒有害物质监控制度等；

（四）蔬菜生产加工人员符合食品从业人员的健康要求；

（五）有农药残留检测能力。

第十九条　生产加工企业向其所在地检验检疫机构提出书面申请，提交以下材料，一式二份：

（一）供港澳蔬菜生产加工企业备案申请表；

（二）生产加工企业工商营业执照的复印件；

（三）生产加工企业厂区平面图、车间平面图、工艺流程图、关键工序及主要加工设备照片；

（四）生产加工企业法定代表人身份证复印件；

（五）生产加工企业的质量安全管理体系文件；

（六）生产加工用水的水质检测报告。

第二十条　生产加工企业提交材料齐全的，检验检疫机构应当受理备案申请。

生产加工企业提交材料不齐全的，检验检疫机构应当当场或者在接到申请后5个工作日内一次性书面告知生产加工企业补正，以生产加工企业补正资料之日为受理日期。

检验检疫机构受理申请后，应当根据本办法第十八条和第十九条的规定进行审核。审核工作应当自受理之日起10个工作日内完成。符合条件的，予以备案，按照"省（自治区、直辖市）行政区划代码+GC+五位数字"的规则进行备案编号，发放备案证书。不符合条件的，不予备案，检验检疫机构书面通知生产加工企业。

第二十一条 生产加工企业厂址或者办公地点发生变化的,应当向其所在地检验检疫机构申请办理生产加工企业备案变更手续。

生产加工企业法定代表人、企业名称、生产车间变化的,应当重新申请生产加工企业的备案。

生产加工企业备案证书的有效期为4年。生产加工企业应当在备案资格有效期届满30日前向所在地检验检疫机构提出备案延续申请。检验检疫机构按照本办法第十八条和第十九条的要求进行审核。审查合格的,予以延续;审查不合格的,不予延续。

第二十二条 生产加工企业应当建立供港澳蔬菜原料进货查验记录制度,核查进厂原料随附的供港澳蔬菜加工原料证明文件;属于另有规定的小品种蔬菜,应当如实记录进厂原料的名称、数量、供货者名称及联系方式、进货日期等内容。进货查验记录应当真实,保存期限不得少于2年。

第二十三条 生产加工企业应当建立出厂检验记录制度,依照香港、澳门特别行政区或者内地食品安全标准对其产品进行检验。如实记录出厂产品的名称、规格、数量、生产日期、生产批号、购货者名称及联系方式等内容,检验合格后方可出口。出厂检验记录应当真实,保存期限不得少于2年。

用于检测的设备应当符合计量器具管理的有关规定。

第二十四条 生产加工企业应当在其供港澳蔬菜的运输包

装和销售包装的标识上注明以下内容：生产加工企业名称、地址、备案号、产品名称、生产日期和批次号等。

第四章 检验检疫

第二十五条 生产加工企业应当保证供港澳蔬菜符合香港、澳门特别行政区或者内地的相关检验检疫要求，对供港澳蔬菜进行检测，检测合格后报检人向所在地检验检疫机构报检，报检时应当提交供港澳蔬菜加工原料证明文件、出货清单以及出厂合格证明。

第二十六条 检验检疫机构依据香港、澳门特别行政区或者内地的相关检验检疫要求对供港澳蔬菜进行抽检。

检验检疫机构根据监管和抽检结果，签发《出境货物通关单》或者《出境货物换证凭单》等有关检验检疫证单。

第二十七条 生产加工企业应当向检验检疫机构申领铅封，并对装载供港澳蔬菜的运输工具加施铅封，建立台帐，实行核销管理。

检验检疫机构根据需要可以派员或者通过视频等手段对供港澳蔬菜进行监装，并对运输工具加施铅封。

检验检疫机构将封识号和铅封单位记录在《出境货物通关单》、《出境货物换证凭单》或者其他单证上。

供港澳蔬菜需经深圳或者珠海转载到粤港或者粤澳直通货车的，应当在口岸检验检疫机构指定的场所进行卸装，并重新加施铅封。检验检疫机构对该过程实施监管，并将新铅封号记录在原单证上。

第二十八条 出境口岸检验检疫机构对供港澳蔬菜实施分类查验制度。未经检验检疫机构监装和铅封的，除核查铅封外，还应当按规定比例核查货证，必要时可以进行开箱抽查检验。经检验检疫机构实施监装和铅封的，在出境口岸核查铅封后放行。

供港澳蔬菜经出境口岸检验检疫机构查验符合要求的，准予放行；不符合要求的，不予放行，并将有关情况书面通知生产加工企业所在地检验检疫机构。

第二十九条 供港澳蔬菜出货清单、《出境货物通关单》或者《出境货物换证凭单》实行一车/柜一单制度。

广东、深圳、珠海检验检疫机构出具的《出境货物通关单》或者《出境货物换证凭单》有效期为3个工作日；其他检验检疫机构出具的通关单证有效期为7个工作日。

第五章 监督管理

第三十条 供港澳蔬菜应当来自备案的种植基地和生产加工企业。未经备案的种植基地及其生产加工企业不得从事供港澳蔬菜的生产加工和出口。

第三十一条 种植基地所在地检验检疫机构对备案的种植基地进行监督管理，生产加工企业所在地检验检疫机构对备案的生产加工企业进行监督管理。

检验检疫机构应当建立备案的种植基地和生产加工企业监督管理档案。监督管理包括日常监督检查、年度审核等形式。

备案种植基地、生产加工企业的监督频次由检验检疫机构根据实际情况确定。

第三十二条 检验检疫机构对备案的种植基地实施日常监督检查，主要内容包括：

（一）种植基地周围环境状况；

（二）种植基地的位置和种植情况；

（三）具体种植品种和种植面积；

（四）生产记录；

（五）病虫害防治情况；

（六）有毒有害物质检测记录；

（七）加工原料证明文件出具情况以及产量核销情况。

根据需要，检验检疫机构可以对食品安全相关项目进行抽检。

第三十三条 检验检疫机构对备案的生产加工企业实施日常监督检查，主要内容包括：

（一）生产区域环境状况；

（二）进货查验记录和出厂检验记录；

（三）加工原料证明文件查验情况；

（四）标识和封识加施情况；

（五）质量安全自检自控体系运行情况；

（六）有毒有害物质监控记录。

根据需要，检验检疫机构可以对食品安全相关项目进行抽检。

第三十四条 种植基地备案主体和备案的生产加工企业应

当于每年 12 月底前分别向其所在地检验检疫机构提出年度审核申请。

检验检疫机构次年 1 月底前对其所辖区域内备案种植基地和备案生产加工企业的基本情况进行年度审核。

第三十五条 种植基地有下列情形之一的，检验检疫机构应当责令整改以符合要求：

（一）周围环境有污染源的；

（二）发现检疫性有害生物的；

（三）存放香港、澳门特别行政区或者内地禁用农药的；

（四）违反香港、澳门特别行政区或者内地规定以及基地安全用药制度，违规使用农药的；

（五）蔬菜农药残留或者有毒有害物质超标的；

（六）种植基地负责人、植保员发生变化后 30 天内未申请变更的；

（七）种植基地实际供货量超出基地供货能力的。

第三十六条 生产加工企业有下列情形之一的，检验检疫机构应当责令整改以符合要求：

（一）质量管理体系运行不良的；

（二）设施设备与生产能力不能适应的；

（三）进货查验记录和出厂检验记录不全的；

（四）违反规定收购非备案基地蔬菜作为供港澳蔬菜加工原料的；

（五）标识不符合要求的；

（六）产品被检出含有禁用农药、有毒有害物质超标或者携带检疫性有害生物的；

（七）生产加工企业办公地点发生变化后30天内未申请变更的；

（八）被港澳有关部门通报产品质量安全不合格的。

第三十七条 种植基地有下列行为之一的，检验检疫机构取消备案：

（一）隐瞒或者谎报重大疫情的；

（二）拒绝接受检验检疫机构监督管理的；

（三）使用香港、澳门特别行政区或者内地禁用农药的；

（四）蔬菜农药残留或者有毒有害物质超标1年内达到3次的；

（五）蔬菜农药残留与申报或者农药施用记录不符的；

（六）种植基地备案主体更名、种植基地位置或者面积发生变化、周边环境有较大改变可能直接或者间接影响基地种植产品质量安全的以及有其他较大变更情况的，未按规定及时进行变更或者重新申请备案的；

（七）1年内未种植供港澳蔬菜原料的；

（八）种植基地实际供货量超出基地供货能力1年内达到3次的；

（九）逾期未申请年审或者备案资格延续的；

（十）年度审核不合格的，责令限期整改，整改后仍不合格的。

第三十八条 生产加工企业有下列行为之一的，检验检疫机构取消备案：

（一）整改后仍不合格的；

（二）隐瞒或者谎报重大质量安全问题的；

（三）被港澳有关部门通报质量安全不合格1年内达到3次的；

（四）违反规定收购非备案基地蔬菜作为供港澳蔬菜加工原料1年内达到3次的；

（五）企业法定代表人和企业名称发生变化、生产车间地址变化或者有其他较大变更情况的，未按规定及时进行变更的；

（六）1年内未向香港、澳门出口蔬菜的；

（七）逾期未申请年审或者备案资格延续的。

第三十九条　备案种植基地所在地检验检疫机构和备案生产加工企业所在地检验检疫机构应当加强协作。备案种植基地所在地检验检疫机构应当将种植基地监管情况定期通报备案生产加工企业所在地检验检疫机构；备案生产加工企业所在地检验检疫机构应当将备案生产加工企业对原料证明文件核查情况、原料和成品质量安全情况等定期通报备案种植基地所在地检验检疫机构。

国家质检总局应当对检验检疫机构的配合协作情况进行督察。

第四十条　备案种植基地所在地检验检疫机构根据国家质检总局疫病疫情监测计划和有毒有害物质监控计划，对备案种植基地实施病虫害疫情监测和农药、重金属等有毒有害物质监控。

第四十一条 生产加工企业所在地检验检疫机构可以向生产加工企业派驻检验检疫工作人员，对生产加工企业的进厂原料、生产加工、装运出口等实施监督。

第四十二条 检验检疫机构应当建立生产加工企业违法行为记录制度，对违法行为的情况予以记录；对于存在违法行为并受到行政处罚的，检验检疫机构可以将其列入违法企业名单并对外公布。

第四十三条 生产加工企业发现其不合格产品需要召回的，应当按照有关规定主动召回。

第六章 法律责任

第四十四条 供港澳蔬菜运输包装或者销售包装上加贴、加施的标识不符合要求的，由检验检疫机构责令改正，并处1000元以上1万元以下的罚款。

第四十五条 对供港澳蔬菜在香港、澳门特别行政区发生质量安全事件隐瞒不报并造成严重后果的生产加工企业，没有违法所得的，由检验检疫机构处以1万元以下罚款；有违法所得的，由检验检疫机构处以3万元以下罚款。

第四十六条 有其他违反相关法律、法规行为的，检验检疫机构依照相关法律、法规规定追究其法律责任。

第七章 附 则

第四十七条 本办法所称的种植基地，是指供港澳蔬菜的种植场所。

本办法所称的生产加工企业,是指供港澳新鲜和保鲜蔬菜的收购、初级加工的生产企业。

本办法所称的小品种蔬菜,是指日供港澳蔬菜量小,不具备种植基地备案条件的蔬菜。

第四十八条 本办法由国家质检总局负责解释。

第四十九条 本办法自 2009 年 11 月 1 日起施行。国家质检总局 2002 年 4 月 19 日发布的《供港澳蔬菜检验检疫管理办法》(国家质检总局第 21 号令)同时废止。

供港澳食用水生动物检验检疫管理办法

国家质量监督检验检疫总局令

第 8 号

《供港澳食用水生动物检验检疫管理办法》已经 2001 年 11 月 21 日国家质量监督检验检疫总局局务会议审议通过，现予发布，自 2002 年 1 月 1 日起施行。

国家质量监督检验检疫总局局长
二〇〇一年十二月四日

第一章 总 则

第一条 为做好供港澳食用水生动物的检验检疫工作，确保供港澳食用水生动物的卫生和食用安全，根据《中华人民共和国进出境动植物检疫法》及其实施条例、《中华人民共和国国境卫生检疫法》及其实施细则等相关法律法规的规定，制定本办法。

第二条 本办法所称"食用水生动物"是指供港澳食用的淡水和海水鱼类、甲壳类、贝类等水生动物。

第三条 国家质量监督检验检疫总局（以下简称国家质检总局）统一管理供港澳食用水生动物的检验检疫的监督管理工作。

国家质检总局设在各地的直属出入境检验检疫机构（以下简称直属检验检疫机构）负责各自辖区内供港澳食用水生动物的检验检疫、养殖场的注册、监督管理。

出境口岸检验检疫机构负责供港澳食用水生动物出境前的现场检验检疫和在出境口岸停留期间的监督管理工作。

第四条　检验检疫机构对非开放性水域的供港澳食用水生动物养殖实行注册登记和监督管理制度。

第五条　供港澳食用水生动物的检验检疫内容包括原体、毒素、有毒有害物质残留、品质、规格、数量、重量和包装等。

第六条　我国内地从事供港澳食用水生动物生产、运输、贸易的企业，应当遵守本办法。

第二章　注册登记

第七条　所有非开放性水域供港澳食用水生动物的养殖场，必须向所在地直属检验检疫机构申请注册登记。

未经注册登记，其生产的水生动物不得供港澳地区。

每一注册养殖场，使用一个注册编号。

供港澳食用水生动物养殖场必须符合《供港澳食用水生动物养殖场卫生要求》。

第八条　申请注册的养殖场须按要求填写《供港澳食用水生动物养殖场检验检疫注册申请表》，并提供下列资料：

（一）《企业法人营业执照》复印件。

（二）养殖场平面图及养殖池彩色照片。

（三）养殖场生产、卫生、用药管理制度。

第九条 直属检验检疫机构按照本办法第七条和第八条的规定，对申请注册的养殖场进行考核。符合条件的，予以注册，并颁发《中华人民共和国出入境检验检疫出境动物养殖企业注册证》（以下简称"注册证"）；不符合条件的，不予注册。

注册证自颁发之日起生效，有效期五年。有效期满后继续生产供港澳食用水生动物的养殖场，须在期满前六个月按照本办法规定，重新提出申请。

第十条 直属检验检疫机构对注册的供港澳食用水生动物养殖实行年度审核管理制度。

对逾期不申请年审的；或年审不合格，且在限期内整改不合格的，吊销其注册证。

第十一条 已注册的供港澳食用水生动物养场名称、所有权、企业法定代表人变更时，应及时向发证的直属检验检疫机构重新申请注册或办理变更手续。

第三章　监督管理

第十二条 检验检疫机构对注册场实行监督管理制度，定期或不定期对养殖场的卫生状况、水质、病原体、毒素和有毒有害物质残留进行检测和检查。

第十三条 检验检疫机构应对供港澳食用水生动物养殖场的药物使用情况进行监督。对国家允许使用的药物，要严格遵守有关使用规定，特别是停药期的规定。严禁使用国家禁用的药物、激素和其他动物饲料添加剂。

第十四条 供港澳食用水生动物注册养殖场使用的饵料必须符合《出口食用动物饲用饲料检验检疫管理办法》的要求。鲜活饵料必须来自水生动物非疫区和非污染区，并须采用检验检疫机构认可的方法进行处理。

第十五条 供港澳食用水生动物注册养殖用水必须符合国家规定的渔业水质标准。

第十六条 运载水生动物的容器、用水、运输工具必须符合检验检疫卫生要求。

运输工具必须符合检验检疫机构加施封识的要求。

第十七条 检验检疫机构根据监测、检查、年审考评结果和检验检疫情况对注册场实行分类管理。

第四章 检验检疫

第十八条 供港澳食用水生动物的出口企业应提前7天将一周的出口计划向养殖场所在地检验检疫机构申报，申报时必须申明拟组织货源的养殖场名称。

第十九条 检验检疫受理申报后，按分类管理的要求实施检验检疫，并抽取样品进行项目的检验。经检验检疫合格的，方可供应港澳地区。

第二十条 供港澳食用的水生动物出境前，出口企业须向所在地检验检疫机构报检，报检时同时提供注册养殖出具的《供港澳食用水生动物供货证明》。

第二十一条 检验检疫机构受理报检后，对有关单证进行审查，对申报的供港澳食用水生动物进行现场检验检疫。经检验检疫合格的，签发《动物卫生证书》，准予输出。证书有效期3天。

第二十二条　检验检疫机构对准予供港澳的食用水生动物可实行监装制度，必要时加施检验检疫封识。

第二十三条　供港澳食用水生动物抵达出境口岸时，出口企业应持启运地检验检疫机构签发的《动物卫生证书》，向出境口岸检验检疫机构申报。

第二十四条　出境口岸检验检疫机构查验单证和封识、核对货物，并进行现场检验检疫，必要时可抽样检测。经检验检疫合格的，签发《出境货物通关单》后放行；检验检疫不合格的，不准出境。

第二十五条　出境口岸检验检疫机构检疫发现问题时，应及时通知启运地检验检疫机构，并采取相应的检验检疫措施。发现重大疫情应立即上报国家质检总局。

第五章　附　　则

第二十六条　对违反本办法规定的，检验检疫机构将依照有关法律、法规予以处罚。

第二十七条　非养殖和开放水域养殖的供港澳食用水生动物的检验检疫依照本办法第四章规定执行。

第二十八条　本办法由国家质检总局负责解释。

第二十九条　本办法自2002年1月1日起施行。

供港澳活禽检验检疫管理办法

国家质量监督检验检疫总局令

第 26 号

现发布《供港澳活禽检验检疫管理办法》，自 2001 年 1 月 1 日起施行。

国家质量监督检验检疫总局局长
二〇〇〇年十一月十四日

第一章 总 则

第一条 为做好供港澳活禽检验检疫工作，防止动物传染病、寄生虫病传播，确保供港澳活禽卫生和食用安全，根据《中华人民共和国进出境动植物检疫法》及其实施条例以及相关法律法规的规定，制定本办法。

第二条 本办法所称的供港澳活禽是指由内地供应香港、澳门特别行政区用于屠宰食用的鸡、鸭、鹅、鸽、鹌鹑、鹧鸪和其它饲养的禽类。

第三条 国家出入境检验检疫局（以下简称国家检验检疫局）统一管理全国供港澳活禽的检验检疫工作和监督管理工作。

国家检验检疫局设在各地的直属出入境检验检疫机构（以

下简称直属检验检疫机构)负责各自辖区内的供港澳活禽饲养场的注册、疫情监测、启运地检验检疫和出证及监督管理工作。

出境口岸检验检疫机构负责供港澳活禽出境前的临床检查或复检和回空车辆及笼具的卫生状况监督工作。

第四条 检验检疫机构对供港澳活禽实行注册登记和监督管理制度。

第五条 我国内地从事供港澳活禽生产、运输、存放的企业,应当遵守本办法。

第二章 注册登记

第六条 供港澳活禽饲养场须向所在地直属检验检疫机构申请检验检疫注册。注册以饲养场为单位,实行一场一证制度。每一注册饲养场使用一个注册编号。

未经注册的饲养场饲养的活禽不得供港澳。

第七条 申请注册的活禽饲养场必须符合下列条件:

(一)存栏3万只以上;

(二)符合供港澳活禽饲养场动物卫生基本要求。

第八条 申请注册的活禽饲养场须填写《供港澳活禽检验检疫注册申请表》,同时提供下列资料:

(一)《企业法人营业执照》复印件;

(二)饲养场平面图和彩色照片(包括饲养场全貌,大门,进出场及生产区通道,饲养舍内、外景,更衣消毒室,饲料库,兽医室,病禽隔离舍,死禽处理设施,粪便污水处理设施及出、入场隔离检疫舍）；

（三）饲养场动物防疫制度、饲养管理制度或全面质量保证（管理）手册。

第九条 直属检验检疫机构按照本办法第七条、第八条的规定对饲养场提供的材料进行审核和实地考核、采样检测。合格的，予以注册，并颁发《中华人民共和国出入境检验检疫出境动物养殖企业注册证》（以下简称《注册证》）；不合格的，不予注册。

第十条 注册证自颁发之日起生效，有效期5年。有效期满后继续生产供港澳活禽的饲养场，须在期满前6个月按照本办法规定，重新提出申请。

第十一条 直属检验检疫机构对供港澳活禽注册饲养场实行年审制度。

对逾期不申请年审，或年审不合格且在限期内整改不合格的，检验检疫机构注销其注册登记，吊销其《注册证》。

第十二条 供港澳活禽注册饲养场因场址、企业所有权、企业法人变更时，应及时向直属检验检疫机构申请重新注册或办理变更手续。

第三章 监督管理

第十三条 注册饲养场应有检验检疫机构备案的兽医负责饲养场活禽的防疫和疾病控制的管理，负责填写《供港澳活禽注册饲养场管理手册》，配合检验检疫机构做好检验检疫工作，并接受检验检疫机构的监督管理。

第十四条 水禽、其他禽类、猪不得在同一注册饲养场内饲养。

第十五条 实行自繁自养的注册饲养场，其种禽的卫生管理水平不能低于本场其他禽群的卫生管理水平。

非自繁自养的注册饲养场引进的幼雏必须来自非疫区并经隔离检疫合格后，方可转入育雏舍饲养。

第十六条 注册饲养场须保持良好的环境卫生，切实做好日常防疫消毒工作，定期消毒饲养场地、笼具和其他饲养用具，定期灭鼠、灭蚊蝇。进出注册场的人员和车辆必须严格消毒。

第十七条 注册饲养场的免疫程序必须报检验检疫机构备案，并须严格按规定的程序进行免疫，免疫接种情况填入《管理手册》。

严禁使用国家禁止使用的疫苗。

第十八条 注册饲养场应建立疫情报告制度。发生疫情或疑似疫情时，必须及时采取紧急防疫措施，并于12小时内向所在地检验检疫机构报告。

第十九条 检验检疫机构定期对供港澳活禽饲养场实施疫情监测。发现重大疫情时，须立即采取紧急防疫措施，于12小时内向国家检验检疫局报告。

第二十条 检验检疫机构对注册饲养场实行监督管理制度，定期或不定期检查供港澳活禽注册场动物卫生防疫制度的落实、动物卫生状况、饲料和药物的使用、兽医的工作等情况。

第二十一条 注册饲养场不得饲喂或存放国家禁止使用的药物和动物促生长剂。

对国家允许使用的药物和动物促生长剂，要遵守国家有关药物使用规定，特别是停药期的规定，并须将使用药物和动物促生长剂的名称、种类、使用时间、剂量、给药方式等填入《管理手册》。

违反本条规定的，检验检疫机构注销其注册登记，吊销其注册证。

第二十二条 供港澳活禽所用的饲料和饲料添加剂须符合国家检验检疫局关于出口食用动物饲用饲料的有关管理规定。

第二十三条 检验检疫机构根据需要可采集动物、动物组织、饲料、药物等样品，进行动物病原、有毒有害物质检测和品质、规格鉴定。

第二十四条 供港澳活禽须用专用运输工具和笼具载运，专用运输工具须适于装载活禽，护栏牢固，便于清洗消毒，并能满足加施检验检疫封识的需要。

第二十五条 注册饲养场在供港澳活禽装运前，应对运输工具、笼具进行清洗消毒。

第二十六条 同一运输工具不得同时装运来自不同注册场的活禽。运输途中不得与其他动物接触，不得擅自卸离运输工具。

第二十七条 出口企业应遵守检验检疫的规定，配合检验检疫机构做好供港澳活禽的检验检疫工作，接受检验检疫机构的监督指导。

第二十八条 供港澳活禽由来自香港、澳门车辆在出境口岸接驳出境的，须在出境口岸检验检疫机构指定的场地进行。接驳车辆和笼具须清洗干净，并在出境口岸检验检疫机构监督下作消毒处理。

第二十九条 装运供港澳活禽的回空车辆、船舶和笼具入境时应在指定的地点清洗干净，并在口岸检验检疫机构的监督下实施防疫消毒处理。

第四章 检验检疫

第三十条 每批活禽供港澳前须隔离检疫 5 天。出口企业须在活禽供港澳 5 天前向启运地检验检疫机构报检。

第三十一条 检验检疫机构受理报检后，对供港澳活禽实施临床检查，按照供港澳活禽数量的 0.5% 抽取样品进行禽流感（H5）实验室检验（血凝抑制试验），每批最低采样量不得少于 13 只，不足 13 只全部采样。经检验检疫合格的，准予供应港澳。不合格的，不得供应港澳。

第三十二条 出口企业须在供港澳活禽装运前 24 小时，将装运活禽的具体时间和地点通知启运地检验检疫机构。

第三十三条 检验检疫机构对供港澳活禽实行监装制度。

发运监装时，须确认供港澳活禽来自注册饲养场并经隔离检疫和实验室检验合格的禽群，临床检查无任何传染病、寄生虫病症状和其他伤残情况，运输工具及笼具经消毒处理，符合动物卫生要求，同时核定供港澳活禽数量，对运输工具加施检验检疫封识。

检验检疫封识编号应在《动物卫生证书》中注明。

第三十四条 经启运地检验检疫机构检验检疫合格的供港澳活禽由国家检验检疫局备案的授权签证兽医官签发《动物卫生证书》。

《动物卫生证书》的有效期为3天。

第三十五条 供港澳活禽运抵出境口岸时，出口企业或其代理人须持启运地检验检疫机构出具的《动物卫生证书》向出境口岸检验检疫机构申报。

第三十六条 出境口岸检验检疫机构受理申报后，根据下列情况分别进行处理：

（一）在《动物卫生证书》有效期内抵达出境口岸的，出境口岸检验检疫机构审核确认单证和封识并实施临床检查合格后，在《动物卫生证书》上加签实际出境数量，必要时重新加施封识，并出具《出境货物通关单》，准予出境；

（二）经检验检疫不合格的、无启运地检验检疫机构签发的有效《动物卫生证书》的、无检验检疫封识或封识损毁的，不得出境。

第五章 附 则

第三十七条 对违反本办法规定的，检验检疫机构依照有关法律法规予以处罚。

第三十八条 本办法由国家检验检疫局负责解释。

第三十九条 本办法自2000年1月1日起施行。

供港澳活猪检验检疫管理办法

国家质量监督检验检疫总局令

第 27 号

现发布《供港澳活猪检验检疫管理办法》，自 2001 年 1 月 1 日起施行。

国家质量监督检验检疫总局局长
二〇〇〇年十一月十四日

第一章 总 则

第一条 为做好供港澳活猪检验检疫工作，防止动物传染病、寄生虫病传播，确保供港澳活猪卫生和食用安全，根据《中华人民共和国进出境动植物检疫法》及其实施条例以及相关法律法规的规定，制定本办法。

第二条 本办法所称供港澳活猪是指内地供应香港、澳门特别行政区用于屠宰食用的大猪、中猪和乳猪。

第三条 国家出入境检验检疫局（以下简称国家检验检疫局）统一管理全国供港澳活猪的检验检疫和监督管理工作。

国家检验检疫局设在各地的直属出入境检验检疫机构（以下简称直属检验检疫机构）负责各自辖区内供港澳活猪饲养场的注册、启运地检验检疫和出证及检验检疫监督管理。

出境口岸检验检疫机构负责供港澳活猪抵达出境口岸的监督管理、临床检查或复检工作。

第四条 检验检疫机构对供港澳活猪实行注册登记和监督管理制度。

第五条 供港澳活猪的检疫项目包括猪瘟、猪丹毒、猪肺疫、猪水泡病、口蹄疫、狂犬病、日本脑炎和其他动物传染病、寄生虫病，以及乙类促效剂。

第六条 我国内地从事供港澳活猪生产、运输、存放的企业，应当遵守本办法。

第二章 注册登记

第七条 供港澳活猪的饲养场须向所在地直属检验检疫机构申请检验检疫注册。注册以饲养场为单位，实行一场一证制度，每一个注册场使用一个注册编号。

未经注册的饲养场饲养的活猪不得供港澳。

第八条 申请注册的饲养场须填写《供港澳活猪饲养场检验检疫注册申请表》，同时提供下列资料：

（一）《企业法人营业执照》复印件。

（二）饲养场平面图和彩色照片（包括场区全貌，进出场和生产区通道及消毒设施，猪舍内景和外景，兽医室、病猪隔离区、死猪处理设施、粪便处理设施、出场隔离检疫舍，种猪进场隔离区等）。

（三）饲养场饲养管理制度及动物卫生防疫制度。

第九条 申请注册的饲养场必须符合《供港澳活猪注册饲

养场的条件和动物卫生基本要求》。

第十条 直属检验检疫机构按照本办法第八条、第九条的规定对申请注册的饲养场提供的资料进行审核,实地考核,采样检验。合格的,予以注册,并颁发《中华人民共和国出入境检验检疫出境动物养殖企业注册证》;不合格的,不予注册。

注册证自颁发之日起生效,有效期5年。有效期满后继续生产供港澳活猪的饲养场,须在期满前6个月按照本办法规定,重新提出申请。

第十一条 直属检验检疫机构对供港澳活猪注册饲养场(以下简称注册饲养场)实行年审制度。

对逾期不申请年审,或年审不合格且在限期内整改不合格的,取消其注册资格,吊销其注册证。

第十二条 注册饲养场场址、企业所有权、名称、法定代表人变更时,应向直属检验检疫机构申请办理变更手续;需要改扩建的,应事先征得直属检验检疫机构的同意。

第三章 监督管理

第十三条 检验检疫机构对注册饲养场实行监督管理制度,定期或不定期检查注册饲养场的动物卫生防疫制度的落实情况、动物卫生状况、饲料及药物的使用等。

检验检疫机构对注册饲养场实行分类管理。

第十四条 注册饲养场应有经检验检疫机构备案的兽医负责注册饲养场的日常动物卫生和防疫管理,并填写《供港澳活猪注册饲养场管理手册》,配合检验检疫机构做好注册饲养场的检验检疫工作，并接受检验检疫机构的监督管理。

第十五条 注册饲养场工作人员应身体健康并定期体检。严禁患有人畜共患病的人员在注册饲养场工作。

第十六条 注册饲养场必须严格执行自繁自养的规定。引进的种猪，须来自非疫区的健康群；种猪入场前，经注册饲养场兽医逐头临床检查，并经隔离检疫合格后，方可转入生产区种猪舍。

第十七条 注册饲养场须保持良好的环境卫生，做好日常防疫消毒工作，定期灭鼠、灭蚊蝇，消毒圈舍、场地、饲槽及其他用具；进出注册饲养场的人员和车辆必须严格消毒。

第十八条 注册饲养场的免疫程序须报检验检疫机构备案，并按照规定的程序免疫。免疫接种情况填入《供港澳活猪注册饲养场管理手册》。

第十九条 注册饲养场不得使用或存放国家禁止使用的药物和动物促生长剂。对国家允许使用的药物和动物促生长剂，要按照国家有关使用规定，特别是停药期的规定使用，并须将使用情况填入《供港澳活猪注册饲养场管理手册》。

违反本条规定的，取消其注册资格，吊销注册证。

第二十条 供港澳活猪的饲料和饲料添加剂须符合《出口食用动物饲用饲料检验检疫管理办法》的规定。

第二十一条 注册饲养场应建立疫情报告制度。发生疫情或疑似疫情时，必须采取紧急防疫措施，并于12小时之内向所在地检验检疫机构报告。

第二十二条 检验检疫机构对注册饲养场实施疫情监测和

残留监测制度。

第二十三条 检验检疫机构根据需要可采集动物组织、饲料、药物或其他样品，进行动物病原体、药物或有毒有害物质的检测和品质鉴定。

第二十四条 注册饲养场发生严重动物传染病的，立即停止其活猪供应港澳。

检验检疫机构检测发现采集样品中含有国家严禁使用药物残留的，应暂停注册饲养场的活猪供应港澳，并查明原因。

第二十五条 出口企业应遵守检验检疫规定，配合检验检疫机构做好供港澳活猪的检验检疫工作，并接受检验检疫机构的监督管理。

严禁非注册饲养场活猪供港澳。对违反规定的出口企业，检验检疫机构停止接受其报检；对违反规定的注册饲养场，检验检疫机构取消其注册资格，吊销其注册证。

第二十六条 进入发运站的供港澳活猪必须来自注册饲养场，并有清晰可辨的检验检疫标志—针印，针印加施在活猪两侧臀部。针印和印油的使用管理遵照国家检验检疫局的有关规定。

不同注册场的活猪须分舍停放。

供港澳活猪发运站应符合检验检疫要求，动物发运前后，须对站台、场地、圈舍、运输工具、用具等进行有效消毒。发运站发生重大动物疫情时，暂停使用，经彻底消毒处理后，方可恢复使用。

第二十七条 供港澳活猪的运输必须由检验检疫机构培训

考核合格的押运员负责押运。

押运员须做好运输途中的饲养管理和防疫消毒工作，不得串车，不准沿途抛弃或出售病、残、死猪及饲料、粪便、垫料等物，并做好押运记录。运输途中发现重大疫情时应立即向启运地检验检疫机构报告，同时采取必要的防疫措施。

供港澳活猪抵达出境口岸时，押运员须向出境口岸检验检疫机构提交押运记录，途中所带物品和用具须在检验检疫机构监督下进行有效消毒处理。

第二十八条 来自不同注册饲养场的活猪不得混装，运输途中不得与其他动物接触，不得卸离运输工具。

第二十九条 装运供港澳活猪的回空车辆（船舶）等入境时应在指定的地点清洗干净，并在口岸检验检疫机构的监督下作防疫消毒处理。

第四章 检验检疫

第三十条 出口企业应在供港澳活猪出场 7 天前向启运地检验检疫机构申报出口计划。

第三十一条 启运地检验检疫机构根据出口企业的申报计划，按规定和要求对供港澳活猪实施隔离检疫，并采集样品进行规定项目的检测。检测合格的，监督加施检验检疫标志，准予供港澳；不合格的，不予出运。

第三十二条 出口企业应在活猪启运 48 小时前向启运地检验检疫机构报检。

第三十三条 检验检疫机构对供港澳活猪实行监装制度。

监装时，须确认供港澳活猪来自检验检疫机构注册的饲养场并经隔离检疫合格的猪群；临床检查无任何传染病、寄生虫病症状和伤残情况；运输工具及装载器具经消毒处理，符合动物卫生要求；核定供港澳活猪数量，检查检验检疫标志加施情况等。

第三十四条 经启运地检验检疫机构检验检疫合格的供港澳活猪，由国家检验检疫局授权的兽医官签发《动物卫生证书》，证书有效期为14天。

第三十五条 供港澳活猪运抵出境口岸时，出口企业或其代理人须持启运地检验检疫机构出具的《动物卫生证书》等单证向出境口岸检验检疫机构申报。

第三十六条 出境口岸检验检疫机构接受申报后，根据下列情况分别处理：

（一）在《动物卫生证书》有效期内抵达出境口岸、不变更运输工具或汽车接驳运输出境的，经审核单证和检验检疫标志并实施临床检查合格后，在《动物卫生证书》上加签出境实际数量、运输工具牌号、日期和兽医官姓名，加盖检验检疫专用章，并出具《出境货物通关单》准予出境。

（二）在《动物卫生证书》有效期内抵达出境口岸、更换运输工具出境的，经审核单证和检验检疫标志并实施临床检查合格后，重新签发《动物卫生证书》，并附原证书复印件，出具《出境货物通关单》准予出境。

（三）经检验检疫不合格的，无启运地检验检疫机构出具的有效《动物卫生证书》，无有效检验检疫标志的供港澳活猪，不得出境。

第三十七条 供港澳活猪由香港、澳门的车辆在出境口岸接驳出境的,须在出境口岸检验检疫机构指定的场地进行。接驳车辆须清洗干净,并在出境口岸检验检疫机构监督下作防疫消毒处理。

第三十八条 需在出境口岸留站、留仓的供港澳活猪,出口企业或其代理人须向出境口岸检验检疫机构申报,经检验检疫机构现场检疫合格的方可停留或卸入专用仓。

出境口岸检验检疫机构负责留站、留仓期间供港澳活猪的检验检疫和监督管理。

第五章 附 则

第三十九条 检验检疫机构对违反本办法规定的企业或个人,依照有关法律法规予以处罚。

第四十条 本办法由国家检验检疫局负责解释。

第四十一条 本办法自2000年1月1日起施行。

供港澳活牛检验检疫管理办

国家出入境检验检疫局令

第 4 号

现发布《供港澳活牛检验检疫管理办法》，自 2000 年 1 月 1 日起施行。

国家质量监督检验检疫总局局长

一九九九年十一月二十四日

第一章 总 则

第一条 为做好供应港澳活牛检验检疫工作，确保供港澳活牛的健康与港澳市民食用安全，防止动物传染病、寄生虫病的传播，促进畜牧业生产发展和对港澳贸易，根据《中华人民共和国进出境动植物检疫法》及其《实施条例》等法律法规和香港特别行政区政府对供港活牛的检疫要求，制定本办法。

第二条 凡在我国内地从事供港澳活牛育肥、中转、运输、贸易的企业均应遵守本办法。

供港澳活牛应检疫病是指：狂犬病、口蹄疫、炭疽、结核病、布氏杆菌病及其它动物传染病和寄生虫病。

第四条 国家出入境检验检疫局（以下简称国家检验检疫局）统一管理供港澳活牛的检验检疫工作。

国家检验检疫局设在各地的直属出入境检验检疫机构（以下简称直属检验检疫机构）负责各自辖区内供港澳活牛育肥场和中转仓的注册、监督管理和疫情监测，负责供港澳活牛的启运地检验检疫和出证管理。

出境口岸检验检疫机构负责供港澳活牛出境前的监督检查和临床检疫；负责供港澳活牛在出境口岸滞留站或转入中转仓的检疫和监督管理。

第二章 育肥场、中转仓的注册管理

第五条 供港澳活牛育肥场、中转仓须向所在地直属检验检疫机构申请注册。注册以育肥场、中转仓为单位，实行一场（仓）一证制度。

只有经注册的育肥场饲养的活牛方可供应港澳地区；只有经注册的中转仓方可用于供港澳活牛的中转存放。

申请注册的育肥场须符合下列条件：

具有独立企业法人资格；

在过去 6 个月内育肥场及其周围 10 公里范围内未发生过口蹄疫，场内未发生过炭疽、结核病和布氏杆菌病；

育肥场设计存栏数量及实际存栏量均不得少于 200 头；

符合《供港澳活牛育肥场动物卫生防疫要求》。

第七条 申请注册的中转仓须符合下列条件：

具有独立企业法人资格。不具备独立企业法人资格者，由其具有独立法人资格的主管部门提出申请；

中转仓过去 21 天内未发生过一类传染病；

中转仓设计存栏数量不得少于 20 头；

符合《供港澳活牛中转仓动物卫生防疫要求》。

第八条 申请注册的育肥场、中转仓应填写《供港澳活牛育肥场、中转仓检验检疫注册申请表》，一式三份，并提供下列材料：

（一）《企业法人营业执照》复印件；

（二）育肥场、中转仓平面图和照片（包括场、仓区大门口，场、仓区全貌，进/出场隔离检疫舍外景，牛舍外景，牛舍内景，更衣消毒室、兽医室、病畜隔离舍、死畜处理设施、粪便处理设施等）；

（三）育肥场、中转仓的动物卫生防疫制度、饲养管理制度。

第九条 直属检验检疫机构按照本办法第六条、第七条的条件对申请注册的育肥场、中转仓进行考核。合格者，予以注册，并颁发《供港澳活牛育肥场、中转仓检验检疫注册证》。

注册证自颁发之日起生效，有效期为 5 年。

第十条 直属检验检疫机构对供港澳活牛注册育肥场、中转仓实施年审制度。

对逾期不申请年审或年审不合格且在限期内不整改或整改不合格的吊销其注册证。

第十一条 注册育肥场、中转仓连续 2 年未供应港澳活牛的，检验检疫机构应注销其注册资格，吊销其注册证。

第十二条 供港澳活牛育肥场、中转仓如迁址或发生企业名称、企业所有权、企业法人变更时应及时向直属检验检疫机构申请重新注册或变更手续。

第三章 动物疫病控制与预防

第十三条 进入注册育肥场的活牛须来自非疫区的健康群，并附有产地县级以上动物防疫检疫机构出具的有效检疫证书。进场前，认可兽医须逐头实施临床检查，合格后方可进入进场隔离检疫区。

违反前款规定的，应注销其注册资格。

第十四条 进入隔离检疫区的牛，由认可兽医隔离观察7至10天。对无动物传染病临床症状并经驱除体内外寄生虫、加施耳牌后，方可转入育肥区饲养。认可兽医对进入育肥区的牛要逐头填写供港澳活牛健康卡，逐头建立牛只档案。

第十五条 耳牌应加施在每头牛的左耳上。国家检验检疫局统一负责耳牌的监制；注册育肥场所在地检验检疫机构负责耳牌发放与使用监督管理；注册育肥场认可兽医负责耳牌的保管与加施，并把耳牌使用情况填入《供港澳活牛检疫耳牌使用情况登记表》。

耳牌规格为3cm×6cm，上面印有耳牌流水号（均为全国统一号）。耳牌上空白部分由检验检疫机构在发放耳牌时用专用笔标上注册育肥场注册编号。育肥场注册编号加耳牌流水号即为每头牛的编号。

第十六条 育肥牛在育肥场中至少饲养60天（从进场隔离检疫合格之日至进入出场隔离检疫区之日），出场前隔离检疫 7 天,经隔离检疫合格方可供应港澳。

第十七条 注册育肥场、中转仓须保持良好的环境卫生,做好日常防疫消毒工作。要定期清扫、消毒栏舍、饲槽、运动场,开展灭鼠、灭蝇蚊和灭吸血昆虫工作,做好废弃物和废水的无害化处理。不得在生产区内宰杀病残死牛。进出育肥场、中转仓的人员和车辆须严格消毒。

第十八条 注册育肥场须按规定做好动物传染病的免疫接种,并做好记录,包括免疫接种日期、疫苗种类、免疫方式、剂量、负责接种人姓名等。

第十九条 注册育肥场、中转仓应建立疫情申报制度。发现一般传染病应及时报告所在地检验检疫机构;发现可疑一类传染病或发病率、死亡率较高的动物疾病,应采取紧急防范措施并于 24 小时内报告所在地检验检疫机构和地方政府兽医防疫机构。

注册育肥场发生一类传染病的,应停止向港澳供应活牛,在最后一头病牛扑杀 6 个月后,经严格消毒处理,方可重新恢复其向港澳供应活牛。注册中转仓发生一类传染病的,在中转仓内的所有牛只禁止供应港澳,在清除所有牛只、彻底消毒 21 天后,经再次严格消毒,方可重新用于中转活牛。

第二十条 注册育肥场、中转仓须严格遵守国务院农业行政主管部门的有关规定,不得饲喂或存放任何明文规定禁用的抗菌素、催眠镇静药、驱虫药、兴奋剂、激素类等药物。对国家允许使用的药物,要遵守国家有关药物停用期的规定。

注册育肥场、中转仓须将使用的药物名称、种类、使用时间、剂量、给药方式等填入监管手册。

第二十一条 经检验检疫机构培训、考核、认可的兽医负责注册育肥场、中转仓的日常动物卫生防疫工作，协助检验检疫机构做好注册育肥场、中转仓的检验检疫管理工作。

第二十二条 注册育肥场、中转仓使用的饲料应符合国家检验检疫局有关出口食用动物饲用饲料的规定。对使用的饲料要详细记录来源、产地和主要成分。

第二十三条 供港澳活牛必须使用专用车辆（船舶）进行运输，检验检疫机构或其认可兽医对供港澳活牛批批进行监装，装运前由启运地检验检疫机构或其授权的认可兽医监督车辆消毒工作。

第二十四条 供港澳活牛应以注册育肥场为单位装车（船），不同育肥场的牛不得用同一车辆（船舶）运输。运输途中不得与其它动物接触，不得卸离运输工具，并须使用来自本场的饲料饲草。

第二十五条 供港澳活牛由启运地到出境口岸运输途中，需由经检验检疫机构培训考核合格的押运员押运。铁路运输的押运员还须持有外经贸部门颁发的押运员证书。

押运员须做好供港澳活牛运输途中的饲养管理和防疫消毒工作，不得串车，不得沿途出售或随意抛弃病、残、死牛及饲料、粪便、垫料等物，并做好押运记录。

供港澳活牛抵达出境口岸后，押运员须向出境口岸检验检疫机构提交押运记录，押运途中所带物品和用具须在检验检疫机构监督下进行熏蒸消毒处理。

第二十六条 进入中转仓的牛必须来自供港澳活牛注册育肥场，保持原注册育肥场的检疫耳牌，并须附有启运地检验检疫机构签发的《动物卫生证书》。

装运供港澳活牛的回空火车、汽车、船舶在入境时由货主或承运人负责清理粪便、杂物，洗刷干净，进境口岸检验检疫机构实施消毒处理并加施消毒合格标志。

出口企业不得从非注册育肥场收购供港澳活牛，不得使用非注册中转仓转运供港澳活牛。

违反前款规定的，各检验检疫机构均不得再接受其报检，并依法对其予以处罚。

第二十九条 出口企业应将供港澳活牛的计划、配额与供港澳活牛出口运输途中发现异常情况及时报告启运地和出境口岸检验检疫机构。

第四章 检验检疫

第三十条 出口企业在供港澳活牛出场前 7—10 天向启运地检验检疫机构报检，并提供供港澳活牛的耳牌号和活牛所处育肥场隔离检疫栏舍号。

受理报检后，启运地检验检疫机构应到注册育肥场逐头核对牛的数量、耳牌号等，对供港澳活牛实施临床检查，必要时实施实验室检验。

第三十一条 经检验检疫合格的供港澳活牛由启运地检验检疫机构签发《动物卫生证书》。证书有效期，广东省内为 3 天，长江以南其他地区为 6 天，长江以北地区为 7—15 天。

第三十二条 供港澳活牛运抵出境口岸时，出口企业或其代理人须于当日持启运地检验检疫机构签发的《动物卫生证书》正本向出境口岸检验检疫机构报检。

如需卸入出境口岸中转仓的，须向检验检疫机构申报，经现场检疫合格方可卸入中转仓。来自不同的注册育肥场的活牛须分群栓养。来自不同省、市、区的活牛不得同仓饲养。

第三十三条 受理报检后，出境口岸检验检疫机构根据下列情况分别处理：

在《动物卫生证书》有效期内抵达出境口岸、不变更运输工具出境的，经审核证单、核对耳牌号并实施临床检查合格后，在《动物卫生证书》上加签实际出口数量，出具《出境货物通关单》准予出境。

在《动物卫生证书》有效期内抵达出境口岸、变更运输工具出境的，经审核证单、核对耳牌号并实施临床检查合格后，重新签发《动物卫生证书》，并附原证书复印件，出具《出境货物通关单》准予出境。

经检验检疫不合格的，或无启运地检验检疫机构签发的《动物卫生证书》或超过《动物卫生证书》有效期的、无检疫耳牌的，或伪造、变造检疫证单、耳牌的，不准出境。

第三十四条 出境口岸检验检疫机构如发现供港澳活牛有重大疫情，应立即上报国家检验检疫局，并向当地地方政府兽医防疫机构通报，同时通知相关检验检疫机构。

第三十五条 出境口岸检验检疫机构每月5日前应将上月各省、市、自治区供港澳活牛检验检疫数据和检疫中发现的有关疾病、证单、装载、运输等存在的问题书面通知启运地检验检疫机构。

监督管理

第三十六条 检验检疫机构对供港澳活牛注册育肥场、中转仓实施检验检疫监督,定期检查供港澳活牛的收购、用药、免疫、消毒、饲料使用和疾病发生情况。监督检查结果分别填入《供港澳活牛育肥场监管手册》和《供港澳活牛中转仓监管手册》。注册育肥场、中转仓应按要求如实填写监管手册,并接受检验检疫机构的监督管理。

第三十七条 检验检疫机构对供港澳活牛注册育肥场、中转仓实施疫情监测,并指导免疫接种和传染病防治。

第三十八条 检验检疫机构根据情况可定期或不定期对注册育肥场、中转仓动物药物使用和管理情况进行检查,采集所需样品作药物残留检测。

第三十九条 检验检疫机构对注册育肥场、中转仓的饲料、饲料添加剂使用情况进行监督,必要时可取样检测饲料中病原微生物、农药、兽药或其他有毒有害物质的残留量。

附 则

第四十条 "供港澳活牛育肥场"是指将架子牛育肥成符合港澳市场质量要求的活牛的饲养场。

"供港澳活牛中转仓"是指专门用于将供港澳活牛从注册育肥场输往港澳途中暂时存放的场所,包括在启运地的中转仓和在出境口岸的中转仓。

第四十一条 每一注册育肥场、中转仓使用一个注册编号，编号格式为 XXFYYY 或 XXTYYY。其中 XX 为汉语拼音字母，代表注册育肥场、中转仓所在地的省、直辖市、自治区汉语拼音缩写；F 表示育肥场，T 表示中转仓，YYY 是流水号。

按照上述规定，深圳、珠海、宁波、厦门检验检疫局辖区的注册育肥场、中转仓的编号格式分别特别规定为 GDFSYY、GDTSYY；GDFZYY、GDTZYY；ZJFNYY、ZJTNYY；FJFXYY、FJTXYY，YY 为流水号。

第四十二条 违反本办法规定，依照《中华人民共和国进出境动植物检疫法》及其实施条例予以处罚。

第四十三条 本管理办法由国家检验检疫局负责解释。

第四十四条 本办法自 2000 年 1 月 1 日起施行。

供港澳活羊检验检疫管理办法

国家出入境检验检疫局令

第 3 号

现发布《供港澳活羊检验检疫管理办法》,自 2000 年 1 月 1 日起施行。

国家质量监督检验检疫总局局长

一九九九年十一月二十四日

第一章 总 则

第一条 为做好供应港澳活羊检验检疫工作,确保供港澳活羊的健康与港澳市民食用安全,防止动物传染病、寄生虫病的传播,促进畜牧业生产发展和对港澳贸易,根据《中华人民共和国进出境动植物检疫法》及其《实施条例》等法律法规和香港特别行政区政府对供港活羊的检疫要求,制定本办法。

第二条 凡在我国内地从事供港澳活羊中转、运输、贸易的企业均应遵守本办法。

第三条 国家出入境检验检疫局(以下简称国家检验检疫局)统一管理全国供港澳活羊的检验检疫工作。

国家检验检疫局设在各地的直属出入境检验检疫机构(以下简称直属检验检疫机构)负责各自辖区内供港澳活羊中转场

的注册、监督管理和产地疫情监测，负责供港澳活羊的启运地检验检疫和出证管理。

出境口岸检验检疫机构负责供港澳活羊出境前的监督检查和临床检疫；负责供港澳活羊在出境口岸滞留站或转入中转场的检疫和监督管理。

第二章 中转场的注册管理

第四条 从事供港澳活羊中转业务的企业须向所在地直属检验检疫机构申请注册。只有经注册的中转场方可用于供港澳活羊的中转存放。

第五条 申请注册的中转场须符合下列条件：

具有独立企业法人资格。不具备独立企业法人资格者，由其具有独立企业法人资格的上级主管部门提出申请；

具有稳定的货源供应，与活羊养殖单位或供应单位签订有长期供货合同或协议；

中转场设计存栏数量不得少于 200 只；

中转场内具有正常照明设施和稳定电源供应；

须符合《供港澳活羊中转场动物卫生防疫要求》。

第六条 申请注册的中转场应填写《供港澳活羊中转场检验检疫注册申请表》，一式三份，并提供下列材料：

（一）《企业法人营业执照》复印件；

（二）中转场平面图和照片（包括场区大门口，场区全貌，羊舍外景，羊舍内景）；

（三）中转场的动物卫生防疫制度、饲养管理制度；

（四）签订供港澳活羊供货合同或协议的单位名单（包括单位名称、地址、单位性质（中转或养殖）、生产或经营规模、负责人姓名、联系电话）。

第七条 直属检验检疫机构按照本办法第五条的规定对申请注册的中转场进行考核。合格者，予以注册，并颁发《供港澳活羊中转场检验检疫注册证》。

注册证自颁发之日起生效，有效期为5年。

第八条 直属检验检疫机构对供港澳活羊注册中转场实施年审制度。

对逾期不申请年审或年审不合格且在限期内不整改或整改不合格的吊销其注册证。

第九条 注册中转场连续2年未用于供应港澳活羊的，检验检疫机构应注销其注册资格，吊销其注册证。

第十条 供港澳活羊中转场如迁址或发生企业名称、企业所有权、企业法人变更时应及时向直属检验检疫机构申请重新注册或变更手续。

第三章 动物疫病控制与预防

第十一条 注册中转场认可兽医负责中转场的动物卫生防疫和传染病防治工作，协助检验检疫机构做好注册中转场的检验检疫管理工作。

第十二条 进入注册中转场的活羊须来自非疫区的健康群，并附有产地县级以上动物防疫检疫机构出具的有效检疫证明。

违反前款规定者，检验检疫机构应注销注册中转场的注册资格。

第十三条 每只进场活羊，须经认可兽医查验证单并实施进场前临床检查，无动物传染病、寄生虫病临床症状，并作体内外寄生虫驱虫处理，加施耳牌后，方可转入中转场饲养。活羊须在中转场至少饲养2天。

第十四条 耳牌应加施在每只羊的左耳上。国家检验检疫局负责耳牌的监制；注册中转场所在地检验检疫机构负责耳牌发放与使用监督管理；注册中转场认可兽医负责耳牌的保管与加施，并把耳牌使用情况填入《供港澳活羊检疫耳牌使用情况登记表》。

耳牌规格为3cm×6cm，上面印有耳牌流水号（均为全国统一号）。耳牌上空白部分由检验检疫机构在发放耳牌时用专用笔标上注册中转场注册编号。注册编号加耳牌流水号即为每只羊的编号。

第十五条 注册中转场须保持良好的环境卫生，做好日常防疫消毒工作，开展灭鼠、灭蚊蝇和灭吸血昆虫工作。活羊出场后须及时清扫、消毒栏舍、饲槽、运动场。不得在中转场内宰杀病残死羊。进出中转场的人员和车辆须严格消毒。

第十六条 注册中转场应建立传染病申报制度，发现一般传染病应及时报告所在地检验检疫机构；发现可疑一类传染病或发病率、死亡率较高的动物疾病，应采取紧急防范措施并于24小时内报告所在地检验检疫机构和地方政府兽医防疫机构。

发生一类传染病或炭疽的注册中转场，应停止向港澳供应活羊。在清除所有羊只、进行彻底消毒 21 天后，经再次严格消毒，方可重新用于中转活羊。

第十七条 注册中转场须严格遵守国务院农业行政主管部门的有关规定，不得饲喂或存放任何明文规定禁用的抗菌素、催眠镇静药、驱虫药、兴奋剂、激素类等药物。对国家允许使用的药物，要遵守国家有关药物停用期的规定。

注册中转场须将使用的药物名称、种类、使用时间、剂量、给药方式等填入监管手册。

第十八条 注册中转场使用的饲料应符合国家检验检疫局有关出口食用动物饲用饲料的规定。对使用的饲料饲草要详细记录来源、产地和主要成分。

第十九条 供港澳活羊必须使用专用车辆（船舶）进行运输，检验检疫机构或其认可兽医对供港澳活羊批批进行监装。装运前由启运地检验检疫机构或其授权的认可兽医监督车辆（船舶）消毒工作。

第二十条 供港澳活羊应以中转场为单位装车（船），不同中转场的羊不得用同一车辆（船舶）运输。运输途中不得与其它动物接触，不得卸离运输工具，并须使用来自本场的饲料饲草。

第二十一条 进入出境口岸中转场的羊必须来自供港澳活羊注册中转场，保持原注册中转场的检疫耳牌，并须附有启运地检验检疫机构签发的《动物卫生证书》。

第二十二条 装运供港澳活羊的回空火车、汽车、船舶在入境时由货主或承运人负责清理粪便、杂物，洗刷干净，进境口岸检验检疫机构实施消毒处理并加施消毒合格标志。

第二十三条 出口企业不得从非注册中转场收购供港澳活羊，不得使用非注册中转场转运供港澳活羊。

违反前款规定者，各检验检疫机构均不得再接受其报检，并依法对其予以处罚。

第四章 检验检疫

第二十四条 出口企业或其代理人应在活羊出场前2~5天向当地检验检疫机构报检。

检验检疫机构受理报检后，应到注册中转场逐头核对供港澳活羊的数量、耳牌号等，对供港澳活羊实施临床检查，必要时实施实验室检验和药残检测。

第二十五条 经检验检疫合格的供港澳活羊由启运地检验检疫机构签发《动物卫生证书》。证书有效期，广东省内为3天，长江以南其他地区为6天，长江以北地区为7~15天。

第二十六条 供港澳活羊运抵出境口岸时，货主或代理人须于当日持启运地检验检疫机构签发的《动物卫生证书》正本向出境口岸检验检疫机构报检。

如需卸入出境口岸中转场的，须向检验检疫机构申报，经现场检疫合格方可卸入中转场。来自不同的注册中转场的供港澳活羊须分群饲养。

第二十七条 受理报检后，出境口岸检验检疫机构根据下列情况，分别处理：

在《动物卫生证书》有效期内抵达出境口岸、不变更运输工具出境的，经审核证单、核对耳牌号并实施临床检查合格后，在《动物卫生证书》上加签实际出口数量，出具《出境货物通关单》准予出境。

在《动物卫生证书》有效期内抵达出境口岸、变更运输工具出境的，经审核证单、核对耳牌号并实施临床检查合格后，重新签发《动物卫生证书》，并附原证书复印件，出具《出境货物通关单》准予出境。

经检验检疫不合格的，或无启运地检验检疫机构签发的《动物卫生证书》或超过《动物卫生证书》有效期、无检疫耳牌的，或伪造、变造检疫证单、耳牌的，不准出境。

第二十八条　出境口岸检验检疫机构如发现供港澳活羊有重大疫情，应立即上报国家检验检疫局，并向当地地方政府兽医防疫机构通报，同时通知相关检验检疫机构。

第二十九条　出境口岸检验检疫机构应定期将各省、市、自治区供港澳活羊检验检疫数据和检疫中发现的有关疾病、证单、装载、运输等存在的问题书面通知启运地直属检验检疫机构。

监督管理

第三十条　检验检疫机构对供港澳活羊注册中转场实施检验检疫监督，定期检查供港澳活羊的收购、用药、免疫、消毒、饲料使用和疾病发生情况。监督检查结果分别填入《供港澳活羊中转场监管手册》。注册中转场应按要求如实填写监管手册，并接受检验检疫机构的监督管理。

第三十一条 检验检疫机构根据情况可定期或不定期对注册中转场动物药物使用和管理情况进行检查，采集所需样品作药物残留检测。

第三十二条 检验检疫机构对注册中转场的饲料、饲料添加剂使用情况进行监督，必要时可取样检测病原微生物、农药、兽药或其他有毒有害物质的残留量。

附　则

第三十三条 "供港澳活羊中转场"是指专门用于将供港澳活羊从饲养单位输往港澳途中暂时存放的场所，包括在启运地的中转场和在出境口岸的中转场。

第三十四条 每一注册中转场使用一个注册编号，编号格式为XXGYYY。其中XX为汉语拼音字母，代表注册中转场所在地的省、直辖市、自治区汉语拼音缩写；G表示活羊中转场，YYY是流水号。

按照上述规定，深圳、珠海、宁波、厦门检验检疫局辖区的注册中转场的编号格式分别特别规定为GDGSYY、GDGZYY、ZJGNYY、FJGXYY，YY为流水号。

第三十五条 违反本办法的规定，依照《中华人民共和国进出境动植物检疫法》及其实施条例予以处罚。

第三十六条 本办法由国家检验检疫局负责解释。

第三十七条 本办法自2000年1月1日起施行。